U0527541

九世班禅传略

喜饶尼玛 韩敬山 著

五洲传播出版社

图书在版编目（CIP）数据

九世班禅传略 / 喜饶尼玛，韩敬山著. -- 北京：五洲传播出版社，2020.8
（人文西藏）
ISBN 978-7-5085-4468-7

Ⅰ.①九… Ⅱ.①喜…②韩… Ⅲ.①班禅九世（1883-1937）—传记
Ⅳ.① B949.92

中国版本图书馆 CIP 数据核字 (2020) 第 099542 号

撰　　稿：喜饶尼玛　韩敬山
图片提供：喜饶尼玛　韩敬山
出 版 人：荆孝敏
责任编辑：张美景
封面设计：李　璐
装帧设计：杨　平　蒲建霖

九世班禅传略

出版发行：	五洲传播出版社
地　　址：	北京市海淀区北三环中路 31 号生产力大楼 B 座 7 层
邮政编码：	100088
电　　话：	010-82005927（发行部）
网　　址：	http://www.cicc.org.cn
	http://www.thatsbooks.com
印　　刷：	中煤（北京）印务有限公司
开　　本：	787×1092 mm 1/16
字　　数：	150 千字
印　　张：	11
版　　次：	2020 年 8 月第 1 版第 1 次印刷
定　　价：	54.00 元

目录

上篇 1883—1923
九世班禅在西藏的四十年 / 1

第一章 寒门之子"入"金瓶——九世班禅坎坷历程的开始 / 3

命运的选择——成为八世班禅的转世灵童 / 3
来自紫禁城的圣旨 / 5
驻藏大臣文硕主持金瓶掣签 / 6
驻藏大臣升泰主持九世班禅坐床典礼 / 7

第二章 自古英雄出少年——十五载宗教领袖心路 / 9

1887：蓄谋的罪恶将摧毁香格里拉的宁静 / 9
在"男尽女绝"的抗英氛围中，圣旨里说了什么？ / 10
掣签诏书中有一件事更为紧迫 / 11
炮火带来的万众一心——隆吐山千名汉藏兵勇慷慨成仁 / 12
藏事处置：两任封疆大吏升泰与奎焕的异同 / 13
内争不止、外侵不断的西藏时局 / 16
驻藏大臣有泰与桂霖的入藏 / 17

第三章 肩挑政教两重担——清廷最后七年间的九世班禅 / 20

认敌为友的驻藏大臣有泰 / 21
内外复杂政局中九世班禅竭心领悟朝廷要旨 / 24
清廷认可的藏传佛教格鲁派领袖 / 25
英国对九世班禅的图谋 / 26
印度归来后面对的西藏政教事务 / 31

第四章 西藏政局是与非——九世班禅与十三世达赖喇嘛的矛盾 / 33

拉萨政局的最终失控 / 33
中央政府的加封令 / 35
英国人在西藏事务中活跃的身影 / 37
十三世达赖喇嘛身边人的公然挑衅 / 38

下篇 1924—1937 九世班禅在内地的十五年 / 43

第五章 游走政商教三界——九世班禅心向共和 / 45

历史由此改道：九世班禅不走寻常路的因果 / 45
中央政府电令甘肃　内容尽显尊崇 / 46
要员兰州迎接　接待方案成为标准 / 47
扎什伦布寺被噶厦强行接管 / 49
山西太原的意外仪式 / 53
北京：一场特殊的迎接仪式 / 55
沪宁杭之行　全面展示高僧大德形象 / 60
普陀山、上海之行再现九世班禅乐善好施 / 63
南行弘法：改良宗教生活饮食习俗　谦虚诚恳令信众悦服 / 65
中央政府强化九世班禅地位　再授新封号 / 66
驻锡护城河边福佑寺　为共和而奔走 / 67

第六章 大动荡中定志坚——复杂局势下"互信与互动"的新格局 / 71

奠定双方互信的点滴建构 / 71
密电请求返藏抵抗尼泊尔入侵 / 74
媒体眼中的九世班禅首都行 / 75
从战略考量重视并解决九世班禅之忧 / 80

始终以藏传佛教为纽带护国利民　/　93

第七章　以特殊影响聚民心——"九一八事变"后九世班禅致力修建护国法会　/　95

　　仁王护国法会：共立民族同心之愿　/　97
　　时轮金刚法会：为国家民族前途祈祷　/　99
　　药师七佛法会：祈祷国运隆昌　/　110

第八章　蒙藏甘青未遑宁——在"固民心、促内向"的宣化中缘聚共识　/　114

　　德王倾心"自治"　拒纳忠言　/　114
　　躲过一场劫杀　/　117
　　百灵庙发来的密电　/　122
　　精心筹备返藏之路　/　125
　　各方尽力调解两大活佛的关系　/　127
　　返藏：不断遇到的问题　/　130
　　返藏在万事俱备中落空　/　135

第九章　现代国家意识的开启——国民政府时期九世班禅的十年　/　140

　　出任国民政府委员　/　140
　　积极主动参与现代社会各项事务　/　144
　　以政教双重身份传递国家一体理念　/　147
　　蒙藏子弟教育成为九世班禅牵挂的重点　/　150
　　内地新加的"朋友圈"令其视阈开阔　/　153
　　与名流要人始终保持着友好互动　/　154
　　"宁远楼"上主法诵经追荐十三世达赖喇嘛　/　157

尾声　九世班禅生命里的最后五十天　/　160

九世班禅传略

上篇

1883-1923

九世班禅在西藏的四十年

藏北羌塘，千里草原人迹罕至小道。

风肆雪虐，人马艰难前行。北奔焦虑数月，心寄唐古拉山。

身后烟尘，现噶厦千名精锐。

青海玉树，文成公主入藏之地。

伫此回望山水西藏，人生正入不惑之年，困惑、大惑却萦绕不止。这一回望，是否冥冥中感受到自己再难回到生他养他的雪域，再也无力重回扎什伦布那高高的法座之位，再也没有机会向信他、爱他、崇敬他的信众传递长流的法缘……

明驼千里足，送佛莅中原。

他，就是九世班禅[1]额尔德尼·确吉尼玛。

---

[1] 班禅为梵语"班智达"的简称，"禅"为广大之意，喻其学问渊博，广大无匹。班禅第一世与达赖同为宗喀巴大师之大弟子，世居西藏日喀则扎什伦布寺。其活佛转世系统已至第十一世。

九世班禅在西藏扎什伦布寺

第一章 寒门之子"入"金瓶——九世班禅坎坷历程的开始

当居于紫禁城之外的载湉被宣布成为大清帝国第十一任皇帝后，这位紫禁城的新主人并不知道自己手中的国家即将遭逢的危机。

此时的光绪皇帝，只是一位刚满千日的玩耍孩童。

光绪继位第九年，一位失语者之子伦珠嘉措在康藏交界处的加查地方出生。而对于一国之君的光绪来说，这一年最重大的事就是清帝国与法兰西的开战。

伦珠嘉措与这位大清皇帝相差十二岁，按照地支顺序，两人属相均为羊。

命运的选择——成为八世班禅的转世灵童

1883年藏历正月十二日，疲惫的当琼措姆躺在一贫如洗的家里，听着贵族宅院传来的欢庆藏历新年的笑喊声、行酒令，而身边却没有孩子的父亲，心中倍感凄凉。

一阵阵腹痛袭来……

凌晨时分，这位孑然一身的牧羊女生下了一个长相端庄的国字脸男婴。她怎么也不会想到，自己生下的儿子，会是后来尊贵得不能再尊贵的八世班禅额尔德尼的转世灵童。

邻居闻听婴儿哭叫上门时，当琼措姆突然发现自己再也说不了话。

后来有人传说八世班禅额尔德尼的母亲非常健谈，常常插手扎什伦布寺政教事务，"以致是非丛生"[2]，八世班禅怎么劝说母亲均无效果，只好祈求转世再来时母亲能寡言少语。于是，九世班禅

---

[2] 刘家驹：《班禅大师全集》，重庆：中国边疆学会，1943，第35页。

九世班禅生母
1929年《西藏班禅驻京办公处月刊》第1—2期

的母亲"产后即哑"[3]。

因伦珠嘉措的母亲身不由己，还要给贵族世家照顾牲畜，权衡之下，唯有把他送到外祖父期美旺布的家中，与岁月一起任性成长。

1887年，藏历第十五绕迥火猪年。

西藏拉萨，布达拉宫。

吉祥天女佛像前。

12岁的十三世达赖喇嘛正庄严作法，以问卜八世班禅额尔德尼转世方位。

随后，扎什伦布寺据此秘密派出多路寻访队伍，开始寻找驻世仅27年的八世班禅额尔德尼的转世灵童。

---

[3] 刘家驹：《班禅大师全集》，第35页。

扎什伦布寺是藏传佛教格鲁派四大圣寺之一，依山傍水，金顶碧瓦，建筑高广。

按宗教仪轨和历史定制，当时寻访到三名候选灵童，均非常聪慧灵异。但在前世八世班禅灵塔前卜卦时，突然发现灵塔殿的一根柱子上长出一枚大白菌，按照藏文的意思就是隐示转生在噶厦宗。而在辨别八世班禅的遗物时，只有其中的伦珠嘉措屡试不爽，丝毫未错。最终，这位贫寒之子伦珠嘉措成为三位候选灵童之一。

来自紫禁城的圣旨

当驻藏大臣文硕请旨一折，奏称"访获聪颖异常、有灵根之幼童……"[4]，1887年12月23日，光绪皇帝朱批：班禅额尔德尼转世已届五年……朕心悦览。著照所奏，即遵定例将三幼童之名入于奔巴金瓶内……并明确"敬谨掣签"[5]。皇帝的旨意相当明确，那就是一定要遵历史定制通过金瓶掣签的方式掣出九世班禅额尔德尼的人选。

接获圣旨的文硕，一面紧张处理英国侵藏的复杂棘手事务，一面庄严地行使驻藏大臣的权力，命令扎什伦布寺将寻访到的三位候选灵童在规定的时间内务必送往拉萨，准备金瓶掣签。

三位候选灵童，三路浩荡的护送队伍，从日喀则、托杰、塔布（今西藏自治区加查县和朗县境内）向拉萨前进。

经过72天的紧张筹备，1888年2月26日，正月十五，在拉萨布达拉宫皇帝的牌位前，金瓶掣签开始。这场掣签，是乾隆皇帝正式确定金瓶掣签制度后的第五次。

这一天，拉萨殊胜，风来闾阖，气象清和，诸事吉祥。

布达拉宫。

---

[4] 《西藏研究》编辑部，《西藏研究》丛刊主编陈家琎：《清实录藏族史料》（第九集），拉萨：西藏人民出版社，1982，第4489-4490页。

[5] 同上书，第4490页。

色松南杰殿,清朝乾隆皇帝的唐卡肖像前,矗立着用汉、满、蒙、藏四种文字书写的牌位——当今皇帝万岁万万岁。首先举行的是哺经环节,摄政第穆呼图克图、甘丹赤巴[6]、扎什伦布寺札萨[7]喇嘛三位最具代表性的西藏权威人物相继入场。

驻藏大臣文硕主持金瓶掣签

哺经完毕后,驻藏大臣文硕当场将三名候选灵童的名字用满文、汉文、藏文三种文字抄写在象牙签牌上,经全场验视无误后,郑重地放入金瓶。

庄严的宗教仪轨。

最终,抽签的时刻来临。

只见驻藏大臣文硕在象牙签牌上抽出一名,由此,加查地方当琼措姆的儿子伦珠嘉措中签,成为八世班禅额尔德尼的转世灵童。

数小时后的布达拉宫日光殿。

班禅转世灵童第一次见到十三世达赖喇嘛土登嘉措。十三世达赖喇嘛熟练地为其剃发,并取法名为确吉尼玛。

是年,十三世达赖喇嘛12岁,班禅转世灵童5岁。

当十三世达赖喇嘛送上为班禅转世灵童亲自撰写的《名号赞》《长寿经》《祝词》后,庆祝宴会分别在布达拉宫日光殿和西藏噶厦的大厅举行。

---

[6] 拉萨甘丹寺主持喇嘛,意即甘丹寺上座。藏传佛教格鲁派宗喀巴圆寂于甘丹寺,其所遗座位由最上高僧传坐,称为甘丹赤巴。其选拔标准不论原有地位之高低,完全依据学问、道德,职位次于达赖喇嘛、班禅额尔德尼而为格鲁派掌教。1933年9月,蒙藏委员会出版《边疆政教名词释义》,该书称"其在拉萨大法会中居于首位,权力高于一切,可指挥所有与会群众"。此外,甘丹赤巴任期七年,故得此职位之人大多年事已高,并且多在任期未满的情况下圆寂。

[7] 原为蒙古官衔,自固始汗统治西藏后,西藏亦沿用之,其职位为三品或四品。

噶厦是西藏地方的行政机关，通常由三俗一僧的噶伦组成合议庭，总揽立法、行政、司法等权力，秉承驻藏大臣、达赖喇嘛意旨行事。

十三世达赖喇嘛招待扎什伦布寺全体代表的是精致的油炸面点，赐给所有代表护身符，为所有代表灌顶。

两个月后，17岁刚刚成婚的光绪皇帝得悉掣出确吉尼玛为班禅额尔德尼的转世灵童后，心里无比高兴。年轻的皇帝考虑周全，与圣旨一同到达的还有一并赏赐的多套皇家专属贺礼：给八世班禅转世灵童——大哈达一方、珊瑚珠一串、玉如意一柄；给摄政第穆呼图克图——哈达一方、嵌玉如意一柄。

光绪皇帝在圣旨的最后还不忘请驻藏大臣转告西藏地方摄政：一定要妥善照顾好九世班禅，"以副朕振兴黄教之至意"。

驻藏大臣升泰主持九世班禅坐床典礼

四年后。

1892年正月初三，班禅坐床典礼。

坐床典礼对任何一位大活佛来讲都是极其重要的事项。

典礼前的准备工作异常繁重，这四年来，驻藏大臣升泰不断上奏朝廷请示坐床日期，颁授金册金印，赠送物品等，由于光绪皇帝亲自下达"沿途经过地方妥为护送"[8]的旨意，这些贺礼均在坐床大典之前由各省派员如期护送抵藏。扎什伦布寺僧人全部投入这一重大喜事的筹备中。升泰受命亲临扎什伦布寺主持，同时代表清中央政府赐九世班禅白银万两。

因十三世达赖喇嘛只有16岁，尚未受比丘戒，所以"遵照佛规"[9]不能为班禅授戒。此际，西藏地方摄政为第穆呼图克图，于是遵照光绪皇帝的指示，由第穆呼图克图为九世班禅担任授戒堪布。

---

[8] 《西藏研究》编辑部，《西藏研究》丛刊主编陈家琎：《清实录藏族史料》（第九集），第4530页。

[9] 同上。

九世班禅进献慈禧太后之蜜蜡珠（左）和银质坛城（右）

  九世班禅在扎什伦布寺坐床之后，立即特派扎什伦布寺堪布罗布藏荣垫前往北京，向清廷慈禧太后和光绪皇帝深表谢恩，但堪布因水土不服于1895年10月2日在北京病逝。12岁的九世班禅知悉光绪皇帝不忘对病逝的堪布做出"赏银一百两，哈达一方"[10]的抚恤后，心中尤为感动。

  是年，九世班禅还相继派出两路专使赴京朝贡宝物，其中9月15日的专使除了恭祝皇帝万岁之外，还向皇帝呈递相当于贺折的特殊公文"丹书克"；9月29日的专使则是特为"谒陵"。

---

[10]《西藏研究》编辑部，《西藏研究》丛刊主编陈家琎：《清实录藏族史料》（第九集），第4556页。

第二章 自古英雄出少年——十五载宗教领袖心路

九世班禅确吉尼玛出生前,英国已经吞并了不丹,并加紧布局对中国西藏的征伐。八世班禅丹白旺修出生之年的1855年,在英国的怂恿和武器援助下,廓尔喀(今尼泊尔)竟发动侵藏战争,袭扰达两年之久。战争的终局成为西藏永远的痛点,开中央政府批准同意西藏地方政府与外国订立不平等条约的先河,为闪躲幕后的英国人进一步侵藏埋下了随时可以引爆的炸弹。

就在中央政府于布达拉宫皇帝牌位前用金瓶掣签掣出班禅转世灵童的当年,英国也不忘送上一份特别的"厚礼",在侵占锡金国土后,将"英国女王的军队"推进到西藏边境线上。未雨绸缪的西藏地方政府迅速集结军队构筑防线,誓不与英人共天地。这就意味着一旦英军北上入侵西藏,隆吐山防线将变成抗击英国军队的第一道"铜墙铁壁"。

必须拔掉隆吐山防线这难以逾越的障碍!

必须彻底瓦解构筑在西藏土地上众志成城的抗英心理!

紫禁城,最终以献媚的方式满足了英国人上述两个野心。

1887:蓄谋的罪恶将摧毁香格里拉的宁静

1887年,大清帝国的西南边境线上突然传来英国正式占领锡金的消息,这就意味着"西藏地方军队于1888年被武力驱逐出锡金"[11],英国仅用15年时间就将西藏地方势力荡涤,西藏僧俗怎不震惊?

---

[11] [英]彼得·霍普柯克:《闯入世界屋脊的人》,向红笳译,拉萨:西藏人民出版社,1989,第165页。

时局危难下的西藏哲蚌寺、甘丹寺、色拉寺、扎什伦布寺联合西藏地方七品以上官员呈文向驻藏大臣文硕表示："纵有男尽女绝之祸，唯有复仇抵御，实力阻挡。此系阖藏僧俗大众公立誓词切结，毫无三思更悔。"[12]

驻藏大臣文硕亦决心与西藏民众身手相连，生死相依，绝不能在自己的手中丢失一寸土地，让大清帝国失去一分尊严。

万里之遥。

紫禁城的朝堂之上，自有其逻辑和考量。

45年来，鸦片战争失败引发的伤痛让这个庞大富庶的帝国从自大渐变屈膝。中英《南京条约》的最后落笔，就像打开的潘多拉魔盒。自此，大清官员遇着洋人就自矮三分。但此刻的驻藏大臣文硕却期盼皇帝真切践行太和殿龙椅之上的"建极绥猷"，顺承西藏僧俗的啼血呐喊，改变这种荒谬的矮己逻辑，鼎力支持西藏僧俗抗击英吉利……他急切地等待着北京传来的消息。

在"男尽女绝"的抗英氛围中，圣旨里说了什么？

期盼着，期盼着，激情满怀的驻藏大臣文硕盼到的却是令他目瞪口呆的冰凉谕旨——"接受英国提出的各种条件；立即撤出隆吐山防线"。

驻藏大臣、满洲正蓝旗人文硕跪地谢恩，接过圣旨的双手不住地发颤，最终瘫坐在地。他实在不知道，该如何向西藏全体僧俗官员传达这个残酷的没有丝毫回旋余地的圣旨。

驻藏大臣文硕深知拆除藏族百姓用鲜血和生命浇筑的隆吐山防线，这对大清帝国意味着：从此，藏中门户洞开。

---

[12] 中国藏学研究中心、中国第一历史档案馆、中国第二历史档案馆、西藏自治区档案馆、四川省档案馆编《元以来西藏地方与中央政府关系档案史料汇编》（第三册），北京：中国藏学出版社，1994，第1115页。

文硕隐约预感到，这件事情处理不好，会成为西藏地方与中央政府离心离德的第一道罅隙。

不敢往下想。

消息传到雪域高原金顶下的寺院、城区以及八千里边疆线时，无论是身为贵族的古扎、身为庄园主的格巴、身为官员的本布，还是作为男性奴仆的列巴，每个人的表情均显愕然。

大是大非，何去何从？

为天地立心、为生民立命的儒家思维，令驻藏大臣文硕走出了人生中第一步大胆的险棋。他在意朝廷对他的看法，他更在意西藏僧俗心中的天平，甚至认为这并不是光绪皇帝的本意。

下定决心的时刻到了——死也要和西藏官兵死在一起，死也要死在抗击英吉利的隆吐山沙场之上。

掣签诏书中有一件事更为紧迫

1887年12月23日。

光绪皇帝下诏同意金瓶掣签的诏书中还写有另一件大事，字数超过了金瓶掣签事的三倍，核心有三：

一是，设卡不能设在西藏界内，换句话说，就是自动放弃隆吐山的国家领土。

二是，正与英国商议边界通商，而藏众反设卡禁绝通商之路，明显与定约背道而驰。

三是，英国尚知通情退让，西藏是中国领土，竟不知恭顺朝廷。

这种公文中罕有之语意味着将所有的责任都推到西藏地方政府和驻藏大臣文硕身上，并在此诏书中引申出将来如造成严重后果，国家不会对"顽梗之徒"给予保护。

驻藏大臣文硕面对诏书中"立即将设卡军队撤回，不得拖延"的命令，书写了对他来说一生中最艰难的呈报：

西藏方面并无越界戍守，隆吐山卡兵碍难抽撤。

"并无""碍难"的强化字词，相当于直接拒绝了皇帝的命令，这也意味着文硕的最后一搏。

文硕的内心想着自己自1856年正式走上从政生涯成为一名户部员外郎,弹指一挥间已是32年。

往事如昨。

记得布达拉宫张灯结彩喜迎班禅转世灵童之际,英国军队开始炮轰喜马拉雅山南麓的隆吐山,战争惨烈,史称第一次抗英斗争的"隆吐山保卫战"。

仅仅在班禅转世灵童金瓶掣签半个月后,光绪皇帝就突然对军机大臣下令,要求六百里加急,命令文硕在升泰到任后立即来京,一天不得耽搁。此令发出七天后,光绪皇帝就对文硕的政治生涯作了彻底了断:办事不力,不顾大局,胆大妄为,即行革职。

"胆大妄为,即行革职"八个大字令文硕不住地颤抖。他回想自己在这片土地上走过的路,不由得想到在藏处理的两件大事:

一是,按照中央政府要求,通过金瓶掣签选出九世班禅;二是,坚决支持西藏僧俗抗击英军。

此生对天对地对皇上,坦坦荡荡,有怨无悔。想着这些,眼泪瞬间奔涌成行。

接任的驻藏大臣升泰当然知道文硕被罢黜的原因。他就职之后汲取前任的教训,坚决执行清廷的退让政策。这种政策实施的结果就是中央政府与西藏地方政府的罅隙开始出现。十三世达赖喇嘛面对文硕的去职,深感朝廷不知用人,难以依靠,开始有联俄之意。

炮火带来的万众一心——隆吐山千名汉藏兵勇慷慨成仁

隆吐山位于中国与锡金边界内侧的纳宗东北20千米处,山峦起伏、水潦草茂、密林交错,它控制着大吉岭进入西藏的通道,战略位置极为重要。

在隆吐山防线,除了十三世达赖喇嘛派出的藏军之外,九世班禅方面的僧兵也出现在战场上。其时,前线总指挥最为满意的精锐则是有百名藏兵之战术已达到"甲穷马"的水平。"甲穷马"意即经汉族军官培训的藏兵。

没有中央政府的支持,只有大刀、长矛、弓箭和原始的甩飞蝗石鞭与火绳枪,对抗"阴险狡猾,惯耍诡计,难知究竟"[13]且拥有新式武器的英军。

这是西藏历史上第一次抗击英国侵略者。

隆吐山防线,于1866年始设卡驻军,当时西藏地方政府、贵族、寺庙都要派人参加侦察放哨。为了取得战争的最终胜利,除了一些寺庙专门训练僧兵外,藏军还在隐秘的密林中修筑石头哨卡。

1888年。

西藏地方政府与扎什伦布寺堪布会议厅在开战前为了抵挡英国侵略者对西藏的入侵,选派精壮石匠、木匠,增派人力差徭,建立新的战地碉堡,南北上下普遍调兵,并动员北方四部之骑兵,摩拳擦掌以对付习性狡诈的英军。据史料记载,还有一些汉兵加入到抗英的队伍中。

战争十分惨烈,藏军终告失败。

驻藏大臣长庚一方面要执行中央政府的命令,一方面还要顾及西藏地方僧俗百姓的情绪,把控好平衡点,于是说话瞻前顾后、如履薄冰;办事小心谨慎、处心积虑,生怕出现任何纰漏和不应有的闪失。面对隆吐山战役藏军的失利,清廷毫不犹豫顺势将其撤换。

藏事处置:两任封疆大吏升泰与奎焕的异同

藏边仁青岗。

身为蒙古正黄旗人的升泰虽已有与俄罗斯定阿尔泰山边界的丰富谈判经验,但亦显得焦虑不安。

当他和谈判团队一同出场时,遭到了英国谈判代表贝尔的拒绝,明确声明务必将西藏地方代表排除在谈判桌外。

---

[13] 《木鼠年——卡达地区之僧俗百姓为自卫本地区而立之甘结》,陆莲蒂译,载中国社会科学院民族研究所历史室、西藏自治区历史档案馆编《藏文史料译文集》,1985,第208页。

最终结果可想而知,唯英国马首是瞻——清廷同意撤兵、定界。

此次,英国人虽没有被允许到西藏地方境内通商,只是在边界进行交易,但英国人却倍感兴奋。他们仿佛看到拿下西藏地方通商权指日可待,仿佛看到刺刀下的布达拉宫,于是以打了鸡血般的精神状态一鼓作气,胁迫驻藏大臣升泰前往印度加尔各答作为全权代表继续未尽的谈判。

一周后,左右为难的升泰以双方利益都要保护为依据,作出"容后再议"的搁置建议。在英军看来,这是其为后来侵藏留下的伏笔。

这场谈判最终催生出了孽果:中国失去西藏地方隆吐山到岗巴宗南部的大片牧场。

忐忑不安的升泰自己也没有想到,失去国土竟获清廷通令嘉奖。这是怎样的历史吊诡。

身处西藏的升泰,其实已经感受到英国的野心,加上朝廷派税务师身份的英国人赫政充当自己的助手,身处其间,被裹挟感与日俱增——英国通过赫政,完全操纵了升泰。尝到甜头的英国趁热打铁,又一次"邀请"升泰前往印度继续上次未了的谈判。

赫政利用所处的特殊地位,充当了升泰的代表,他以印度单方面的要求为基础,使清廷丧失了自身的权益。

在旧中国海关档案室,藏有一份把控清政府财政大权数十年的北爱尔兰人、时任大清海关总税务司的赫德给赫政的机密电报:英使馆已通知印度,承认你为升泰的代表,与你谈判。你可尽最大努力取得协议。

对作为驻藏大臣的升泰来讲,最重要的事情是做好任内西藏地方的两件大事:一是,主持九世班禅的坐床事宜;二是,如何竭力维护西藏的稳定。

1892年的正月,驻藏大臣升泰的公务日程安排一个比一个紧迫、重要,他的新年除夕是在繁星布满天际的路途中度过的。因为正月初三,他要在扎什伦布寺参加九世班禅受沙弥戒的隆重典礼。

在庄严的德钦颇章佛堂上,任何人看不出升泰内心的焦虑和英方给其施加的巨大心理压力。他神情庄严,强撑着圆满完成中央政府交办的九世班禅受沙弥戒这个责无旁贷的任务。

与第穆呼图克图在扎什伦布寺典礼现场分开后,升泰再一次昼夜兼程,于正月十二抵达边境地方——仁青岗。

刚刚到达仁青岗,英国就送来了三条要命的意见。对英国人有些恐惧又有些厌烦的升泰只好将这些意见转交西藏噶厦讨论。

反馈回来的意见是:一条都不接受。

升泰转达这个回复时,英国再次重申自己的意见:无可增删,也就是一个字都不能改。

夹在中间的升泰要照顾各方情绪,只是没有人照顾他的心理波动。整日周旋于各方的中央驻藏最高官员升泰无法及时排解心中郁积的巨大压力,面对冷月边关,他久不能寐,内心与屋里的温度一样彻凉。

担任驻藏大臣仅四年的升泰最终病逝仁青岗,成为死在任上、且又死在边境出差途中的第一位驻藏大臣。

印度大吉岭。

升泰的继任者、蒙古镶白旗人奎焕吸取了前两任的从政得失。他快刀斩乱麻,按照朝廷的旨意在升泰死后仅一个多月就与贝尔签订了《中英会议藏印条约》,随后又于1893年12月5日签订《中英会议藏印条款》(又称《中英会议藏印续约》),对英国的政策做了最大尺度的退让。

中央政府贯彻《藏印续约》的方法是采用超常规五百里加急谕令,要求驻藏大臣奎焕对三大寺僧侣一要切实开导;二要晓以利害;三要毋得固执成见,迷而不悟;四要照约勘明办理,不要再存异议。

高压下的贯彻并没有取得想要的效果——设立的界碑"旋被藏人拆毁"[14]。

---

[14] 吴丰培、曾国庆:《清代驻藏大臣传略》,拉萨:西藏人民出版社,1988,第228页。

内争不止、外侵不断的西藏时局

1895年，光绪皇帝登基第21年，亲政第9年，九世班禅12岁。西藏摄政第穆呼图克图突然称病强烈要求辞职，全体僧俗官员会议认为达赖喇嘛已习修了全部经文，按例到18岁应开始亲政。驻藏大臣奎焕即报经中央政府批准同意摄政辞职，年满19岁的十三世达赖喇嘛亲政。

公元1895年3月4日，十三世达赖喇嘛在布达拉宫正式亲政。

作为西藏最重要活佛之一的第穆呼图克图阿旺洛桑·赤列绕杰虽主动退居幕后，但其弟诺布次仁及其追随者企图杀害十三世达赖喇嘛，让第穆拉章继续执政。据说，第穆呼图克图之弟给十三世达赖喇嘛送上了一双"靴子"，形势由此发生了巨大翻转。十三世达赖喇嘛穿上这双装有咒语的靴子后，突然病倒了，护法神指出了靴子里的阴谋。十三世达赖喇嘛下令彻查，就在逮捕第穆呼图克图弟弟的当晚，在达赖喇嘛未成年时出任摄政的第穆呼图克图竟在其驻锡地丹吉林寺暴亡，享年45岁。

西藏地方内部争斗不止、外部侵略不断的时局令初涉政坛的十三世达赖喇嘛的政治手段趋于成熟。他从入主布达拉宫那一天起，耳边就没有离开过"英国侵略"这四个字，抗英成为他数十年来心中的自觉。中央政府批准其掌权，十三世达赖喇嘛首先要面对驻藏大臣"传知"给他内心并不情愿执行的皇令：

切实开导三大寺僧众，仍遵前旨将藏哲勘界事宜遵照条约办理，毋得始终固执，致酿衅端。

从"毋得固执"到"毋得始终固执"可以看出，中央政府措辞不断强硬，但血气方刚的十三世达赖喇嘛自有其价值判断。他越来越感觉昏聩的驻藏大臣对中央政府隐瞒了什么，因为"强敌欺凌，议和非计"[15]。

---

[15]《总署奏遵旨查明印藏通商情形折》，载王彦威、王亮：《清季外交史料》第138卷第4册，台北：文海出版社有限公司，1985年，第2364页。

其时，面对西藏时局，英国也颇感棘手，因为十三世达赖喇嘛与九世班禅正联手抗击自己，如何离间两位藏传佛教格鲁派的最高领袖成为其迫切需要解决的关键问题。于是"妙计"出炉，英方要求在班禅管辖的康巴宗进行谈判，以引导十三世达赖喇嘛产生错觉，诱使其怀疑九世班禅及其身边人与英国人之间有着不可告人的秘密，最终实现破坏西藏两大格鲁派领袖团结的险恶用心。

幸运的是，九世班禅所领导的后藏僧俗依然与十三世达赖喇嘛站在共同抗英的战线上。

驻藏大臣有泰与桂霖的入藏

新上任的58岁的驻藏大臣有泰是前任驻藏大臣升泰的弟弟。他在受命前往西藏时极其勤奋，不断前往各部衙门查阅藏事档案、文牍，深研藏事，希冀赴藏之后能正确处理好西藏事务。然而，当其踏上赴藏征程，尝到山河险远、道路艰辛之苦后，这位大臣的心理逐渐发生了变化，他日益感受到藏事的艰难与复杂。尤其是当他在途中接到要求他到藏后立即"开导藏番，毋开边衅"[16]的圣旨时，他顿觉心灰意冷。

他一面拦阻藏军开赴前线，一面立即同意英国方面提出的谈判地点，并要求西藏地方派员参加。

可想而知，十三世达赖喇嘛和西藏地方政府在这一时期对清廷大失所望，最终彻底放弃对清廷抗英的期盼。

康巴宗。

阵前，西藏两名低级别官员在主权问题上丝毫不让，与英国侵略军发生矛盾。他们一针见血地指出，既然要谈判，就不需要带领200名士兵，只需要几个人就可以了。

英方为首者即荣赫鹏上校。这个英军头目曾在日记中写道：交

---

[16]《西藏研究》编辑部，《西藏研究》丛刊主编陈家琎：《清实录藏族史料》（第九集），第4636页。

九世班禅

涉旷日持久，且似有武力解决之必要。

1903年12月12日，千里冰封，寒风刺骨。英军在荣赫鹏的带领下穿过高耸入云的则利拉山口侵入西藏。

当时的九世班禅对此看得非常清楚，立即与身边的三品职官札萨喇嘛作出精确研判：

一是，如果战争在自己管辖的康巴宗打响，扎什伦布寺将不可避免再遭浩劫；二是，荣赫鹏从亚东到江孜，英军所经之处大都是扎什伦布寺所辖土地。

九世班禅当机立断，火速派出代表力劝英军退至边界之外。但百密一疏，这一做法事先没有知会十三世达赖喇嘛。

新的误解由此肇源。

九世班禅派出的团队劝说无效。

再劝说，依然无效。

劝说缘何始终无效？荣赫鹏在日记中写下了真实的用意：拉萨当局谓吾人越境事，应由班禅喇嘛负纵容之责，故班禅为避免此种纠纷计，唯有恳余退出边境。

这恰是英国最希望看到的离间两位大活佛的良机。

在此期间，十三世达赖喇嘛与九世班禅关系尚好。

1902年，班禅到拉萨与十三世达赖喇嘛相见，五幕场景对不了解内情的人看来处处显示出双方欢愉的画面：

第一幕：九世班禅在布达拉宫与十三世达赖喇嘛行碰头礼，互致哈达；

第二幕：十三世达赖喇嘛向九世班禅传授比丘戒；

第三幕：九世班禅和十三世达赖喇嘛一起见证西藏地方政府和扎什伦布寺联合向释迦牟尼佛像献上珍贵的佛衣；

第四幕：九世班禅和十三世达赖喇嘛一同到贝觉多吉热瓦参加法会，向"喜怒护螺龙王"献哈达；

第五幕：十三世达赖喇嘛向九世班禅赠送一尊镶有宝石的释迦牟尼佛像。

外人只看表面，两人已肇隔阂。

第三章 肩挑政教两重担——清廷最后七年间的九世班禅

1904年，藏历木龙年。

光绪皇帝登基第30年。

29岁的十三世达赖喇嘛掌握西藏政教大权已9年多，面对英国自西藏帕里的进攻，第二次抗英大幕由此拉开。

更新换代的快枪洋炮遭逢的依旧是刀箭棍棒。

年楚河畔的江孜，是亚东、日喀则前往拉萨的必经之地。

九世班禅此时22岁，已成长为一位仪态庄严的青年宗教领袖。

战前总动员在冰天雪地、寒风呼啸的曲米新古石墙背后的掩体召开：

九世班禅明确表示，在这洋妖入侵的严重时刻，他和十三世达赖喇嘛要像一个母亲生的孩子那样齐心，像一只雄鹰的两翼那样协力，任何力量也不能把他们分开。

1904年3月31日，英军出场仅5分钟，就使这一天成为屠杀藏族军民最多的一天。

狡猾的英军提出停火议和，诱使藏军熄灭点火绳。当停火之时，由于藏军手中的火绳枪点火需要时间，英军的快枪压弹迅速。英军突然发动袭击，一场大屠杀开始了！在英军马克沁重机枪的密集扫射下，驻防曲米新古的藏军猝不及防，仅仅4分钟，就有"七百名衣衫褴褛、装备极差的西藏人死在或快要死在高原上"[17]。

失败。

极其惨烈的失败。

---

[17]　[英]彼得·霍普柯克：《闯入世界屋脊的人》，第179页。

十三世达赖喇嘛在没有清廷的鼎力帮助下，只好自己行动，一面派代表，一面组织抵抗，但一切均无可挽回。西藏人民满心希望朝廷能派大军进藏，与藏族军民并肩御敌，可遇到的除了昏官，还是昏官，怎不令人心寒？

1904年8月3日。

英军前锋直抵曲水，冀图按照原定计划控制十三世达赖喇嘛。

从来没有离开过拉萨的十三世达赖喇嘛在29岁这一天，穿过荒无人烟、强盗出没的西藏北部草原，一路挣扎经青海北避库伦（今蒙古国首都乌兰巴托）。

在英军即将闯入拉萨前，他收到了九世班禅送来的密信：

据悉英军即将侵入拉萨，我深为师之安危担忧！

情况万分紧急！

十三世达赖喇嘛已没有时间亲书回函，于是嘱咐代理噶伦复信九世班禅，告知已离开拉萨。

以学经之名在藏15年并成功担任十三世达赖喇嘛经师的俄国间谍德尔智，此时正贴身陪伴十三世达赖喇嘛一路北奔。

最终，拉萨失守。

认敌为友的驻藏大臣有泰

面对没有十三世达赖喇嘛的西藏地方，刚刚到藏半年时间的驻藏大臣有泰接待了侵略军头目荣赫鹏，并上奏皇帝"荣赫鹏抵藏，奴才当即往拜，并以牛羊米面犒其士卒，及以礼物酬应办事诸员"[18]。此事史家每见必诉。

作为清廷派驻西藏的最高官吏，有泰"是一个正统而守旧的官

---

[18] 吴彦勤：《川藏奏底》，上海：上海古籍出版社，2012，第122页。

员"[19],自以为用以德服人的方式与英国侵略者交往,但他毫无底线思维,认敌为友,早把封疆大吏的职责忘得干干净净。守土一方的官员对侵略者如此礼遇,实属中外罕见。直到英军撤离拉萨后,有泰与他们的联系仍未中断,一次就奉送英国人惠德珍贵貂皮两百张。[20]

英军侵入拉萨后,西藏地方政府的官员却全部闪躲闭户,拉萨民众对英军表示出发自内心的蔑视,向士兵们投去不屑的目光,驻藏大臣有泰则充当中间人左右调停。

在十三世达赖喇嘛出走一个多月后,为了与西藏地方直接交涉,以确保西藏不落入俄国人之手,英军头目荣赫鹏等人到驻藏大臣衙门,除谈及条约外,特别提到如何处置十三世达赖喇嘛。这次商谈后,有泰才下决心拟定奏稿革除十三世达赖喇嘛的名号。

不久,共计十条的所谓《拉萨条约》炮制出炉,并迅速在布达拉宫历辈达赖喇嘛的宝座殿签订,这也是布达拉宫首次在没有主人的情况下签署的文件。

窗外,英国的部队排列在布达拉宫西侧的山道两旁,刺刀指向布达拉。

不知有泰是否有难言之隐,作为驻藏大臣的他深知重大事项没有经过请示就匆忙决定,要受到什么样的惩罚,何以知其不可为而为之?

条约下面的名字签署非常诡异,驻藏大臣以需等待北京的正式授权方可签字为由拒绝了,西藏地方的一些僧俗代表签了字,可九世班禅的代表没有签字。有学者分析:"这里面包含了政治阴谋,

---

[19] 康欣平:《有泰驻藏日记研究——驻藏大臣有泰的思想、行为与心态》,北京:民族出版社,2015,第3页。

[20] 《有关西藏人民抗英斗争的第一手材料——兼析驻藏大臣有泰在藏劣迹》,载喜饶尼玛:《近代藏事研究》,上海:上海书店出版社,2000,第39页。

即给班禅留了面子,以便为(英国)下一步拉拢班禅留了余地。"[21]

事实上,接下来英国面对没有十三世达赖喇嘛主政的西藏,开始全力诱惑九世班禅。

不断有身边人向九世班禅报告荣赫鹏及其军队在拉萨的最新动向,其中有一件事令九世班禅感悟到侵略者是无法征服高天厚土下的雪域苍生。

据说进入拉萨时,英军曾以军乐队为前导,尽其所能大造声势,列队穿过拉萨市区。当时荣赫鹏见到沿途的藏民在向他们叫喊并且鼓掌,以为是在欢迎他们。

九世班禅得知此事后会心一笑,因为他知道同胞们叫喊声的寓意,那是在大声念经求雨,希望天降大雨痛淋这帮侵略者一顿,而鼓掌则是他们用来表达驱逐邪恶的手势。

最终,带着威逼利诱下取得的《拉萨条约》,荣赫鹏的军队浩浩荡荡地离开拉萨返回印度,其队伍中最吸引眼球的是四十多驮掠夺来的西藏珍贵文物。其抢劫的丰硕成果——千百年流传下来的珍贵书籍达 2000 余部,共调集了 300 多头骡子才从西藏抢运出境。

与此同时,九世班禅派出的侦查人员反馈的信息令其开始担忧,因为荣赫鹏的军队并没有完全离藏,一部分队伍行进到春丕突然停留并驻扎,对外声称是要履行刚刚签订的《拉萨条约》。九世班禅掐指一算,按照1904年签订的这个条约规定,分75年还清赔偿就意味着要到1979年英军才可以退出。

九世班禅苦笑着说,自己如果活到75年后,也将近百岁了。

驻藏大臣有泰自己没有签字,但其同意签字的做法同样令清廷震怒。1904年八月初四,圣旨明确告知有泰:

"西藏为我属地……此次自应仍由中国与英国立约。"[22]

---

[21] 牙含章:《班禅额尔德尼传》,拉萨:西藏人民出版社,1987,第209页。
[22] 《外务部为条约须由中英两国议定以重主权事致有泰电》,《有泰奏牍》(卷一),第22页;吴丰培:《清季筹藏奏牍》(第一辑),北平:国立北平研究院史学研究会,1938。

紫禁城严肃重申：英国与中国西藏地方绝不可以单独立约。

内外复杂政局中九世班禅竭心领悟朝廷要旨

受命为有泰收拾残局的广东人唐绍仪亲往印度加尔各答，希望修改《拉萨条约》。熟悉外交事务、熟稔世界政局的唐绍仪依据国际通行的规则，力言中国治藏主权，前后交涉近四个月，但英国一字都不愿更改。唐绍仪遂设一局，请求中央政府另择高人继续谈判，但要让外界感受到自己是被气得一病离开。

印度总督寇松及议约大臣费礼夏的顽固之态令谈判陷入僵局。但对九世班禅触动最大的却是唐绍仪的外交策略：以议约不成为借口，让朝廷将自己调遣回国，一则显示中国力争西藏主权的决心，二则拖延时间，盼能拖至1906年春，英国大选后再议。

唐绍仪认为，"现任印度总督若不调离印度，中、英之间根本没有议订新约的可能，唯有在英国大选后，反对党组阁，印度总督被撤回国，方可能有所转机"[23]。九世班禅对这种研判分析佩服之至。

九世班禅想到这些，内心的底气似乎足了许多。

又一年后，接替唐绍仪的广东人张荫棠再到加尔各答谈判未尽的藏事，无果。后到北京主场，英国方予以让步——赔偿的兵费减少三分之二，时间也缩短三分之二，即250万卢比，25年还清。

为了承担相应的责任，曾经留学多年、洞察英国虎视鹰瞵用意、深具远见卓识的汉族官员张荫棠在请示清廷同意后，提出所有的赔偿由中央政府承担，不需要西藏地方政府承担，而且这250万卢比的偿还时间由25年压缩到3年。

这件事让九世班禅真切地感受到：这是清廷对西藏地方释放的最大善意，也是中央政府对西藏地方政府负责任的特别担当。

---

[23]《西藏档（光绪十八至三十一年）》（第六册），光绪三十一年四月二十日收唐绍仪电，载冯明珠：《中英西藏交涉与川藏边情（1774-1925）》，北京：中国藏学出版社，2007，第146页。

清廷认可的藏传佛教格鲁派领袖

清朝皇帝对十三世达赖喇嘛的出逃极为震怒。

清廷立即命令各地，全力查询十三世达赖喇嘛的下落。

西宁办事大臣报告：未见其踪影。

西藏驻藏大臣报告："数月以来……明察暗访，踪迹杳然。"[24]

此时，十三世达赖喇嘛经哈拉乌苏行抵库伦，他声称离藏是不想成为英国俘虏，要去北京面见皇上。同时，秘密派德尔智前去莫斯科会晤沙皇。受国际政治大格局的碰撞叠加作用，这场秘密会晤没有取得任何实质成果。但俄国沙皇却将与所谓的十三世达赖喇嘛的代表德尔智的谈判内容——"与尼古拉二世密商由沙俄保护达赖重返拉萨的问题"[25]公开，目的是"利用西藏作为进入中国的方便后门"[26]。

清廷闻讯后，即令驻蒙大臣就地"设法阻挡"[27]十三世达赖喇嘛。十三世达赖喇嘛在库伦居住一年左右的时间，期间发现哲布尊丹巴行为"实背黄教规……曾训诫之"[28]，但蒙古信众对其信仰倍加。十三世达赖喇嘛受到哲布尊丹巴的挟恨排挤，加上清廷官员的"特别陪护"，故其无法自由前往其他地区，至俄国的梦想就此破灭。

西藏拉萨。

驻藏大臣有泰与十三世达赖喇嘛虽只见过两次面，但关系却发生很大变化，主要原因为双方在是否抵抗英军入侵上有巨大分歧。

---

[24] 吴彦勤：《川藏奏底》，第134页。

[25] 朱梓荣：《帝国主义在西藏的侵略活动》，拉萨：西藏人民出版社，1980年，第52页。

[26] 土登·晋美诺布、[美]柯林·特尼布尔：《西藏——历史·宗教·人民（内部资料）》，陈永国、张晓明译，拉萨：西藏社会科学院资料情报研究所，1983，第239页。

[27] 吴彦勤：《川藏奏底》，第134页。

[28] 陆兴祺：《西藏交涉纪要》，拉萨：西藏藏文古籍出版社，2010，第60页。

有泰终于抓住机会狠狠参奏一本。他奏折中呈现的十三世达赖喇嘛形象是：

"平日跋扈妄为,临事潜逃无踪","种种劣迹,民怨沸腾","盖自有西藏以至于今,未有如该达赖之不肖者也"……

有泰据此请求褫革十三世达赖喇嘛的名号,建议中央政府批准九世班禅主持格鲁派教务,兼办交涉事务。

上述两项对蒙藏地区影响极大的建议未经通盘考虑,就得到批准。驻藏大臣衙门随即在拉萨街头张贴通告,正式宣布废黜十三世达赖喇嘛,西藏地方政教权力由摄政、班禅喇嘛掌握。结果,西藏、蒙古地方的王公贵族及僧众信徒等针对这一举措向清廷表示异议。

此时,九世班禅未为所动。他为顾全师生之谊,力辞未就,没有顺势前往拉萨主持藏政。他似乎了解十三世达赖喇嘛出走的真实原因,认为是有泰的不守不战,放任英军直闯拉萨,导致十三世达赖喇嘛出亡。于是他给驻藏大臣有泰写了一封信："英人出没靡常,尤宜严密防范,若分身前往西藏,恐有顾此失彼之虞。"[29]这封信件是九世班禅政治上成熟的重要标志。

九世班禅所说实乃真情,英国兵正驻扎后藏江孜,抗英任务日益艰巨,此时的英国势力遍布北印度、尼泊尔、不丹和缅甸。有泰随即再给皇帝呈上奏折,"班禅额尔德尼自掌黄教以来,整顿地方悉有条理,当藏印交兵之际,独能镇静不惊,处置裕如"[30]。

光绪皇帝朱批：同意九世班禅留居后藏。

英国对九世班禅的图谋

在英国人看来,西藏地方没有了十三世达赖喇嘛,权力暂时处于真空状态。英国希望将九世班禅变成自己在西藏地方的唯一代理人,一度乐观地认为在日喀则可以立一个亲英的佛教"教皇"。

---

[29]　吴彦勤：《川藏奏底》,第135页。

[30]　同上。

第一步，英军"绑架"九世班禅赴印度。由于英国失去了十三世达赖喇嘛这张王牌，而情报显示俄罗斯正在使十三世达赖喇嘛成为其傀儡。所以，英国要拉拢九世班禅成为自己的傀儡，"在当时的形势和条件下，只有通过拉拢、控制班禅，才是控制西藏的最简捷的途径"[31]。

驻扎江孜的英国军官鄂康诺向其上司发去密电，告知九世班禅在僧俗百姓中同样拥有巨大影响力——"可以毫不夸张地说，班禅喇嘛经过西藏时引起的极大激动和崇拜就像基督在欧洲人中出现一样。"

与此同时，英国积极运作促使清廷废掉十三世达赖喇嘛，使九世班禅最终成为清中央政府支持下的西藏最高政教领袖，变成自己的代理人。

想得很美。

1905年9月24日，驻扎江孜的英国军官鄂康诺率领50余名士兵突然来到扎什伦布寺，九世班禅碍于情面热情接待。鄂康诺抛出蓄谋已久的计划，提出邀请九世班禅10月至印度，理由是英国王储即将赴印，而且必须接受邀请，"不能依靠对北京的任何途径的请示"[32]。

九世班禅当场回复：我去印度并非难事，但需要告知驻藏大臣有泰和经当今皇帝批准后，方可启程。

鄂康诺愤怒地甩下一句"不去不行，请细思之"，扬长而去。

望着他的背影，九世班禅意识到这是英国人企图分裂西藏的一个陷阱。想到这里，他连忙派人向驻藏大臣报告此消息。有泰闻讯后不知如何处置，只表示没有皇帝的同意，不允许去印度。但英国

---

[31] 伍昆明：《英印政府分裂中国西藏的阴谋与九世班禅赴印》，《民族研究》1999年第1期，第84页。

[32] "Mr. J. C White to Captain O'Connor", September 9, 1905. FO.535, Vol. VII, Inclosure 8 in No. 51, p. 46. 载伍昆明：《英印政府分裂中国西藏的阴谋与九世班禅赴印》，《民族研究》1999年第1期，第86页。

的用意极其明了，就是希望九世班禅去印度，否则将"英藏失和"的责任推到他身上。

九世班禅思虑再三，决定不问生死、不问前途，冒此危险前往印度。他注意到国内、国际两个大局：

一是，十三世达赖喇嘛不在西藏地方，他当担负宗教领袖应有的担当，避免西藏寺院、僧俗百姓遭受战争灾祸；二是，避免英国与清廷发生战争。

九世班禅在此重压下正式致信驻藏大臣有泰：如果不去印度，日喀则和扎什伦布寺有可能再次遭到英国侵略。如果因为我一个人的原因造成灾难甚至战乱，实在不妥。如果皇帝降罪，我一个人承担。九世班禅用近乎悲壮的口吻说道："我拟勉强一行，生死不问。若我班禅自此违背大皇帝恩德，即死在九幽地狱之中，不得超生。"[33]

在前往印度之前，九世班禅始终没有接到皇帝的谕令。面对英国的逼迫，时间日益临近，于是他请驻藏大臣有泰派出文武官员——后藏粮务范启荣、都司马友龙二人随其一同前往，并申明：并非二位令我前往，亦非我居心愿往，固系英员威逼，我班禅莫可如何，愿舍此身，以救急难。

1905年10月12日，22岁的九世班禅被迫启程赴印。

路过江孜时，九世班禅想起惨烈的江孜保卫战，想起数千名藏族僧俗儿女长眠于此，心痛至极。他被迫带着母亲、舅父、弟弟继续南行，这场大屠杀中勇士们的形象在他脑海中总是挥之不去。

国仇家恨使他的情绪处于悲愤状态。

南渡，不停地南行。

就要到达印度噶伦堡了。这次就当去开阔一下视界，看一看这些大鼻子英国人到底有什么花招。此时的他，非常希望皇帝能够体谅其苦心。

队伍进入印度境内。

---

[33] 丹珠昂奔主编《历辈达赖喇嘛与班禅额尔德尼年谱》，北京：中央民族大学出版社，1998，第627页。

行程的每一项安排背后均有暗含的寓意。

第一个行程安排是英国人请九世班禅"观英兵营垒,以示甲兵之强"[34],这是任何人都看得明白的直接恐吓。

第二个行程安排是与英国王子见面,同样令九世班禅非常不快。这场会面英方竟无理要求对王子行跪拜礼,这是不可逾越的底线,遭到九世班禅厉声拒绝,最终彼此以外洋拉手常礼相见。

九世班禅心里非常明白英国为他安排这场路演的真实用意——"藉迎英储为名,实密谋废达赖图藏"[35]。他守住了问答之词均系酬应的原则,以实际行动践行了自己的原则:我只在大皇帝前跪拜,其余不行。

在印度停留期间,九世班禅大部分时间下榻于黑斯廷斯公馆,印度政府的政务官员不断到访,令九世班禅疲于应对。但他也有高兴的时候,如被安排参观佛教的著名圣地菩提伽耶,这是他此生中唯一一次朝拜释迦佛古迹圣地,广事供养,祈祷升平。眼见一片荒凉,他提出要英印政府重新修葺佛祖释迦牟尼在菩提树下静修顿悟成佛的菩提迦耶,印度政府"当即从其所请,随后着手修葺"[36]。

前往印度是九世班禅人生中最长的一次外访,也是唯一一次。

九世班禅在印度的所言所行,令英国将九世班禅变成傀儡的阴谋彻底破产,于是同意他于12月17日启程返回扎什伦布寺。

这一次出国,九世班禅思考了许多,政治上也逐渐走向成熟——对待英国之所以采取"与之抗礼,未稍屈节"[37]的策略,是因为他深深意识到祈求和妥协只能招致屈辱和失败。

英国的居心叵测倒逼九世班禅政治上更加成熟老练。他在返回

---

[34] 吴彦勤:《川藏奏底》,第161页。

[35] 同上书,第150页。

[36] 伍昆明:《英印政府分裂中国西藏的阴谋与九世班禅赴印》,北京:《民族研究》1999年第1期,第88页。

[37] 吴彦勤:《川藏奏底》,第162页。

1910年，九世班禅在印度加尔各答与来访的英军鄂康诺少校合影

扎什伦布寺后立即给驻藏大臣有泰递上前往印度的报告：[38]

一是，英国"威逼情形，非言语所能殚述……沿途英兵持械随行，藉护送为名，其实押我前进，起居不由自主"。

二是，竭力使英国王子同意减免赔偿的经费——"面请减赔英国兵费，结果在藏方已承认之七十万两中，减少二十余万。"

其实班禅被逼去印度时，新任总督的态度并不强硬，因为英国自由党政府不允许印度政府继续实行前总督寇松和鄂康诺精心策

---

[38] 吴彦勤：《川藏奏底》，第161页。

划的拉拢班禅及分裂西藏的政策。九世班禅抵达印度时，寇松已经离任，他明确接任者"不允诺班禅所提请求印度政府给予武器援助"[39]以自卫。

九世班禅此次出行最终得到了驻藏大臣和朝廷的谅解，这对他是莫大的安慰。

在接到皇帝"出于至诚"的体恤之后，九世班禅庆幸自己这次印度之行，没有做出任何有损主权的事情，他感受到国家认可其爱国举动，于是大宴宾客三日后，面向北京方向写下"生生世世，皆难图报"的字语。

印度归来后面对的西藏政教事务

返回扎什伦布寺后，九世班禅对身边的侍从堪布说："十三世达赖喇嘛暂时不在圣地，我要担负起藏传佛教格鲁派宗教领袖的责任，近期将专心致志从事宗教活动，以期法水长流。"

于是，我们看到九世班禅一口气在光绪皇帝任上的最后一年，做了五场规模盛大的法会：

一是，"由容尊丹增旺家传授密谛法要"；二是，给四世嘉木样活佛格桑图丹旺秀（1856—1916）传授"大威德金刚灌顶"；三是，先后两次"应喇嘛阿理纳及僧伽三千八百名之请，传授时轮金刚大灌顶"；四是，"扩充坛城"。

九世班禅心无旁骛、全身心地投入到法会活动中，挂三禅之绣佛，现十丈之金身，以期风行草偃。他发誓要新造一千尊镀金的释迦摩尼佛像，发誓要续造一千尊纯铜的宗喀巴像。他计划将这两千尊神佛之像全部供奉于扎什伦布寺大殿之上，这实乃是功德殊胜的宗教大事。

藏历土猴（1908）年，光绪皇帝登基第34年，九世班禅26岁。

---

[39] 伍昆明：《英印政府分裂中国西藏的阴谋与九世班禅赴印》，北京：《民族研究》1999年第1期，第89页。

这一年，光绪皇帝驾崩，清廷的最后一位皇帝宣统即位。九世班禅闻讯后，立即在日喀则扎什伦布寺率领数百名喇嘛诵经，并要求"所属之寺院及前藏各寺院均经派人前往燃灯讽经"[40]。这是九世班禅在十三世达赖喇嘛离藏的情况下第一次以格鲁派宗教领袖的影响力，明确要求包括拉萨等地寺院在内的西藏各寺院为光绪皇帝诵经。

1909年10月，十三世达赖喇嘛返到阔别五年之久的西藏那曲。九世班禅函告新任驻藏大臣联豫，决定亲迎十三世达赖喇嘛于藏北那曲。然而，随后发生的一系列事情走向，令九世班禅陷入了深深的不安与惶恐。

1912年，中华民国成立。

在各省宣布独立的浪潮中，十三世达赖喇嘛意识到这是千载难逢的机会，立即从印度返回拉萨。此前英国对九世班禅的拉拢失败，随即重立新的拉拢目标——十三世达赖喇嘛。

事实证明，十三世达赖喇嘛中了圈套。

这一时期，九世班禅一心发愿决定修造一尊"高八十肘"[41]（即26.2米）的镀金紫铜弥勒佛坐像，并供奉在为此修建的高达30米的五层弥勒佛殿中，工程前后费时三年。这座建筑总面积为862平方米的弥勒佛殿，由底及顶层层收拢，有木梯直上。殿堂顶部为汉式金顶，为雪域高原远近闻名的第一大佛。

有人认为，就是这样一尊使用黄金279千克，紫铜11000千克，钻石、珍珠、珊瑚、玛瑙不计其数的弥勒佛，令十三世达赖喇嘛身边的幕僚生出嫉妒之心。据说，十三世达赖喇嘛闻悉后震怒，于是采取措施，"对后藏僧俗，苛征不已，民不聊生"[42]。

双方的矛盾急剧升级。

---

[40] 丹珠昂奔主编《历辈达赖喇嘛与班禅额尔德尼年谱》，第631页。

[41] 刘家驹：《班禅大师全集》，第36页。

[42] 同上。

第四章 西藏政局是与非——九世班禅与十三世达赖喇嘛的矛盾

夕阳下的大清帝国，余威尚在。

1909年，钟颖率领的川军由四川进藏，此时的十三世达赖喇嘛也正由青海回藏。

拉萨政局的最终失控

十三世达赖喇嘛由于出走内地多年，比较了解国际政治格局，也更看清了清廷的虚弱，再加上他对清光绪皇帝提出的一系列要求均被否决，故其走出一步险棋：对待中央政府派遣之军队，"遣民兵拒之"[43]。

此时的清廷虽风雨飘摇，但依然派出川军入藏。十三世达赖喇嘛恐慌不安，慌乱中钻入英国人早已张网待捕的圈套，出走印度。

震惊之余，清廷再次公开宣布褫夺十三世达赖喇嘛的名号。

此际，九世班禅再一次提出到北京觐见皇帝，但清廷考虑十三世达赖喇嘛出走，请其"暂行从缓"[44]。于是，九世班禅希望新的达赖喇嘛选定后，仍能入京觐见，面奏西藏情况。

这是宣统即位的第二年，内地革命浪潮风起云涌，清廷对全国的统治岌岌可危，西藏情势波谲云诡，错综复杂：一是，十三世达赖喇嘛及其身边人对九世班禅亲中央的态度不满；二是，十三世达赖喇嘛与驻藏大臣联豫之间有着不可调和的矛盾；三是，部分川军将领与驻藏大臣联豫不睦……

---

[43] 刘家驹：《班禅大师全集》，第36页。

[44] 《广益丛报》1910年5月第232期，四川省图书馆藏，第8页。

十三世达赖喇嘛迅速抓住这百年难遇之重大变局时机，在获悉驻藏川军内部哗变的情报之后，当机立断，迅速组织藏军，强力驱逐川军，不少"亲汉"官员惨遭戕害。

肃清清廷政军两大势力后，十三世达赖喇嘛返回西藏，除了力排西藏贵族中的异己力量外，正式拉开他对九世班禅为代表的扎什伦布寺的打压大幕。

对九世班禅而言，每逢大事，天地感应非常灵验。他脑海中回闪铁猪年到水牛年的那一场接一场的地动山摇。有记录表明那场地震几乎达到七级。

扎什伦布寺的档案清晰地记录了这些地震。

而立之年的九世班禅闻"孜庙护法殿倒塌"[45]后，冥冥中感受到大自然的突变背后，自己已身处历史大变局的漩涡中。

当十三世达赖喇嘛自印度经大吉岭返藏，九世班禅决定亲自前往江孜迎接。十三世达赖喇嘛传消息给九世班禅，请他到热隆寺会面。会见的氛围相当压抑并草草结束。据说，这场会面中十三世达赖喇嘛曾指责九世班禅帮助中央政府的"罪行"，外界风传九世班禅被十三世达赖喇嘛罚银四万两……

多年不见的十三世达赖喇嘛为何对自己越来越不满呢？九世班禅思前想后，似有所悟，估计就是这三件事情令他误解：一是，在藏历铁猪年，在拉萨主持一年一度的传昭大法会，庆贺1911年藏历新年。由于历年法会均由十三世达赖喇嘛主持，因此这次九世班禅主持引起僧俗各界舆论猜测；二是，入藏川军到达拉萨时，九世班禅以银两犒赏入藏川军；三是，1912年，民国元年，驻扎日喀则、江孜的川军在大时代的背景下有的向十三世达赖喇嘛的藏军缴交枪弹，换取离藏路费，有的则选择做最后的抗争。当驻扎日喀则的川军与藏军发生激战，藏军炮弹有意落入扎什伦布寺，以警告扎什伦布

---

[45]《扎什伦布寺档案》，刘仁培译，载西藏自治区科学技术委员会、西藏自治区档案馆编译《西藏地震史料汇编》（第一卷），拉萨：西藏人民出版社，1982，第166页。

寺不得帮助川军，自己为保安全，不得不避难西藏和锡金边境的康巴宗（岗巴）。

九世班禅还想到另外两件事：一是，他在热隆寺曾真心诚意地告诉十三世达赖喇嘛：其身边的德尔智是危险人物，不能让他长久留在拉萨。事实证明，这个布里亚特蒙古人德尔智确实是个俄国间谍。但十三世达赖喇嘛此时已视德尔智为心腹，全权由其策划西藏仿效外蒙古实行独立，进而藏蒙结盟的计划；二是，驻藏大臣联豫希望九世班禅本人在十三世达赖喇嘛不在西藏时能挑起"暂摄藏事"的重担，但九世班禅都没有答应，就是担心十三世达赖喇嘛产生不必要的误解。为什么十三世达赖喇嘛没有看到自己如此的苦心和善意？

九世班禅和十三世达赖喇嘛的罅隙日深，隔阂愈深。

中央政府的加封令

1912年——民国元年，临时政府向各省衙门发去一封电报：

"临时大总统命令达赖喇嘛、班禅额尔德尼、哲布尊丹巴呼图克图分驻蒙藏，为黄教宗主，历辈相传，咸身信仰，凡我蒙藏人民，率循旧俗……"[46]

这是临时大总统第一次在公文中提到九世班禅。

面对新政府"使蒙藏人民一切公权私权，均与内地平等，以昭大同，而享幸福"[47]的表态，九世班禅首次向新政府大总统袁世凯发去祝贺电报：

"我班禅久仰中朝，实沾德惠，凡在我属汉边官军民等，无不力

---

[46] 《北京来电七十七》，《临时政府公报附录•电报》第52号，1912年3月30日，第149页。

[47] 《临时大总统令（1912年3月25日）》，北京：《西北杂志》1912年第1卷第1期，第1页。

加保护。"[48]

电报发出一个月、两个月、四个月,均杳无音讯。

具体原由是沟通渠道被人为阻滞,"大总统有电慰问,陆兴祺亦无从转达"[49]。

就这样,九世班禅在内心些许失落中度过了中华民国成立的第一年。

熬过了漫长的冬季和藏历新年,1913年4月1日,深明大义的九世班禅终于收到了陆兴祺秘密转来的大总统令:因他翊赞共和,效忠民国,维持藏事,备著勤劳,即加封"致忠阐化"名号,以彰民国优待忠勤、尊崇格鲁派之意。

这封费尽周折的总统令是湖南湘乡人谢国樑抵达江孜后,突接陆兴祺电报后专程"折路面谒班禅,宣布大总统慰问之意,演说五族共和之益"[50]。亲收命令的九世班禅"无限欣喜"[51],随即写信给袁世凯表示感谢,并在扎什伦布寺内选择吉日,恭设香案,敬叩跪谢。

九世班禅向刚刚成立的中央政府示好,同时在接到大总统的加封令后立即派出密使求见大总统,详细报告自己遇到的麻烦并详述西藏情况。刚刚成立的新政府并不真正了解九世班禅,除了1913年加入陆军部任差遣员的谢国樑呈报政事堂"后藏班禅深明大义"、呈报国务总理"与汉亦甚亲睦"外,护理驻藏办事长官陆兴祺向北洋政府发去考察九世班禅结果的密电:"查西藏诚心向我者唯班禅。"随后,大总统密电九世班禅,请其继续保持藏地和平,以符倚望。这份电报还对其面临的困境做了鲜明的表态:以后,如有呈报事件,

---

[48] 丹珠昂奔主编《历辈达赖喇嘛与班禅额尔德尼年谱》,第633页。

[49] 《收政事堂交抄文一件:抄送陆军部谢国樑呈明西藏地势(1914年7月10日)》,台湾"中央研究院近代史研究所档案馆"藏。

[50] 同上。

[51] 同上。

即交护理驻藏办事长官陆兴祺转寄,加强联络并问驻锡安好。至此,中央政府已初步了解九世班禅的政治立场。

一个多月后,北洋政府"西藏选举事务所"公布了西藏当选参众两院议员名单,九世班禅额尔德尼方面五名当选众议员,五名为候选众议员,这些人均是九世"班禅1907年派驻北京处理后藏事务者"[52],这预示着九世班禅的代表第一次参与中华民国的政治事务。

英国人在西藏事务中活跃的身影

九世班禅向北洋政府要求派代表参加西姆拉会议的谈判,英国公使朱尔典从中作梗。北洋政府一方面命令川军、滇军停止向西藏进军,另一方面却对九世班禅的要求未置可否,因此九世班禅方面最终被排除在会议之外。而十三世达赖喇嘛的代表伦钦厦扎(亦译为夏扎)边觉夺吉则挂上了"西藏达赖特派全权专员"职衔,俨然代表西藏地方参会。

新生的中华民国政府,政权极不稳固,各派力量纷争不断。藏军趁机再次将地盘东扩,与据守川西的边军开战。

连续举行七次的西姆拉会议完全是由英国人策划的一场阴谋。所谓《西姆拉条约》是非法的,连英国的"西藏通"柏尔也认为"纯属空谈":当时之所以有西藏地方代表参加,完全是英印政府少数人策划的结果,中国政府曾就此事多次抗议。麦克马洪甚至毫无遮掩地告知中国全权代表陈贻范:我认为您无需再寄来官方确认函,有关内容请同我们的西藏同事相联系。

值得注意的是,英国人柏尔曾在西藏代表夏扎生病时代替他参加会议。档案材料显示,西藏地方代表是在英国人威逼利诱下干了错事的。

1914年4月27日,英方提出了修正案,陈贻范在英方的威逼

---

[52] 《北洋政府筹办选举事务所榜示西藏两院候补当选议员名单稿(1913年5月15日)》,北洋政府蒙藏院档案,一〇四五/157。

之下进行了草签，只写了姓名的英文缩写，且在草签之前，陈贻范严正声明其草签属于"画行"而并非"签押"，"签押"必须奉本国政府训令方可。当天，陈贻范立即电告北京政府。之后，全国舆论一片哗然。袁世凯立即作出反应，于4月28日令外交部致电陈贻范："执事受迫画押，政府不能承认，立即声明取消。"[53] 随后，袁世凯政府于5月1日电令中国代表不得在正式条约上签字。而英国代表与"西藏代表"却在会议之外，秘密划定非法的麦克马洪线，把中国藏南地区共约9万平方千米的土地划归英方管辖。此后，民国政府多次发表声明拒不承认所谓《西姆拉条约》，同时不承认英国同西藏地方当局订立的任何条款或类似文件。

十三世达赖喇嘛身边人的公然挑衅

1915年，十三世达赖喇嘛违背历史上划定的势力范围，以及扎什伦布寺所属各寺、庄园为历辈班禅静善之地，任何人不可借口滋事的红线，擅自在日喀则设立行政机关，直接侵害了班禅的固有政治地位。

其间，班禅辖区百姓除缴纳班禅规定的相关税赋外，还要再承担西藏地方政府四分之一的税负。

1916年，为了说明困难，九世班禅真心诚意地提出到拉萨与十三世达赖喇嘛会面。十三世达赖喇嘛则称自己十分忙碌，1917年再行会见。可是到了1917年，十三世达赖喇嘛却闭关静坐，三年内谢绝一切访客。

四年间，双方问题和矛盾越积越多。

1919年11月，九世班禅到达拉萨，并赴罗布林卡拜见十三世达赖喇嘛。

礼仪依然，互致问候。

---

[53] 中国第二历史档案馆编《中华民国史档案资料汇编》（第三辑），南京：江苏古籍出版社，1991，第872页。

在西藏日喀则扎什伦布寺的九世班禅及其经师们

但此次会面结果令九世班禅心寒，两年前提出的免征赋税请求被彻底否决，再加上西藏地方政府方面冷淡的态度，强硬的语气，九世班禅安全感顿失。

此时的拉萨，正迎来中华民国肇建8年后派出的代表团——甘肃代表团。种种迹象表明，他们是由中华民国中央政府派出，以甘肃地方的名义前来。来自甘肃督军署的"督军公署谘议赴藏通问特派员"李仲莲和"督军公署参事赴藏通问特派员"朱绣等4人，到访西藏的目的是沟通中央与西藏地方的关系。

九世班禅闻听朱绣在青海办理教育，首先关注蒙藏问题，乃今世奇才异能之士，心生敬佩。他意识到，这是内地辛亥首义推翻清廷以来，拉萨第一次欢迎中央政府派遣的地方代表团，是目前唯一可以直接与中央政府建立联系的管道。

为了不节外生枝，避免引起更大误会，九世班禅忍痛婉拒了遵照中央政府明令甘肃督军张广建派到西藏的"甘肃代表团"的约见，仅扼要复函告知"此次派人前来，诸多不便，望贵督军原谅"[54]。

身处扎什伦布寺的九世班禅，坐在竣工不久的弥勒佛殿堂，多么希望佛祖智慧的灵异能为他指点迷津。他突然想起两个多月前甘肃督军张广建的信函中有"贵佛又素来倾向中央万里关山，真诚不隔"[55]之语，心中立刻涌起一股暖流和冲动。

甘肃代表团受命于1919年入藏，八个多月的时间里，朱绣写下了对九世班禅新的评语：倾向共和之心较达赖殆有过之。遗憾的是，内地正逢直系皖系大战，九世班禅托甘肃代表团亲送北洋政府的信函内容无一落实，但其呈给甘肃省长的礼物逐一被登记造册：

长寿古铜佛一尊、藏红花一匣、押信哈达一方、金丝缎三匹、各色氆氇五匹、顶上贡香二十五束。

介，位于日喀则西，距扎什伦布寺有四日路程。

事件的恶化促使九世班禅立即终止在介的温泉疗养，启程返回扎什伦布寺商量对策。

在自己主持修建的尊胜殿，站在供奉的宗喀巴泥塑坐像前，九世班禅详细地听取了刚刚赶回扎什伦布寺报告拉萨突发事件的侍从官德绕巴的汇报，知悉了噶厦派人扣押所属官员的前因后果。

在这种特定的氛围中，九世班禅内心的焦虑在此种压抑的氛围中迅速放大、膨胀，旋即促其作出人生最重大的决定——北走内地。

今天看来，促使九世班禅离开西藏的主要原因是西藏地方政府成立军粮局，给扎什伦布寺分配了全藏应缴纳的四分之一的军粮，即25万斤军粮任务，外加10万两藏银军饷。另外，在英国人的极

---

[54]《张广建咨文附达赖、班禅复函等件（1920年9月7日）》，北洋政府蒙藏院档案，一〇四五/390。

[55] 丹珠昂奔主编《历辈达赖喇嘛与班禅额尔德尼年谱》，第634页。

力挑拨下，双方官员中的少数人互相制造矛盾，导致扎什伦布寺前往拉萨会谈协商的几位官员被关押入监。

从十三世达赖喇嘛第二次回藏的1913年到1923年，十余年间，九世班禅忍辱负重至极限，在忍无可忍的情况下，被迫于1923年11月15日深夜离藏。他并不知道，这次转身离去，生命中竟再无因缘回到扎什伦布寺。但是，从此他开创了班禅世系的一个新天地，到内地弘法护国，与国家同频共振，使藏传佛教在内地的传播掀开新的历程。

九世班禅坦坦荡荡地向民国政府寻求帮助，"共商大计，消弭隐患，永固屏藩"[56]，用一个又一个护国利民行动书写班禅世系新的一页。

---

[56] 招待班禅同人编辑《班禅东来记》（全一册），上海：世界书局，1925，第1页。

九世班禅传略

下篇

1924-1937

九世班禅在内地的十五年

历史的戏台，移步换景。

似相识，又不识。

城头变幻大王旗。

无论是走马灯般你方唱罢我登场的段祺瑞执政府、北洋政府、北京政府，还是形式上统一全国的南京国民政府，都对九世班禅礼敬有加，一时间万民景仰，法水长流。

躯胆两雄伟，心胸素坦荡。

九世班禅的内地履踪，使其法号传扬至前世难以企望的至尊之位。珍罕的互信共信，最终托起影响民国政局最为深远的高僧大德。

究其缘由，唯四字：

护国、爱教。

九世班禅

第五章 游走政商教三界——九世班禅心向共和

21年来，九世班禅的人生从青年走到中年。来自拉萨的长期不友好是他最大的忧忡。

"知难相容"，简简单单四字背后，承载了多少九世班禅不为人知的悲戚。

1923年12月26日，对九世班禅来讲，这一天发生的一切注定是划时代的。黯然神伤的九世班禅在这一天，冒着凛冽的风雪，秘密率领堪布及身边重要僧俗人员15人，趁着夜色经纳当、岗金进入藏北羌塘无人区，最终前往内地，寻求中央政府的帮助。

八天之后，九世班禅身边另一路队伍与九世班禅会合于谢通门——安多草地的最南端。这里属扎什伦布寺庄园，庄园主不仅奉献了糌粑、面粉、大米、酥油、肉、干面条、干菜和牲口饲料，还给随行人员麂皮面黑羊皮里的藏袍、皮袍二十多件和多顶帐篷，解决了九世班禅及随行人员的衣食困难。随后，120人的队伍联合北上，跋涉于茫茫大雪覆盖下的万里羌塘。

等待他们的不仅有呼啸的北风和暴雪，更有饥饿与迷惘。

历史由此改道：九世班禅不走寻常路的因果

风雪中，随行人员信誓旦旦地说：沿此路走上三天就一定能踏上通往青海的大道，就可以少受几天煎熬，但九世班禅毅然决定改道，再入草地。

也许是冥冥中的天意，如果走常规大道，历史将被改写。因为他将遭遇十三世达赖喇嘛派出的千名精兵的追击，九世班禅"大师之神异"——力避大路，涉江踏云，曲入山道。

但由于所行之处均崎岖险峻，荒野僻径，人迹罕至，队伍忽南忽北。因随身携带的口粮即将告罄，且队伍中僧俗禁止杀生，只能敲冰溶雪，人均一小勺糌粑调汤充饥。

粮食几乎耗尽，队伍无法前行，九世班禅派员寻找食物，他嘱咐大家特别注意山坡上是否有白石排成藏文字ཨ的地方，如果发现立即报告。结果在某地发现了，按佛示挖了下去，挖出了糌粑、面粉、肉、酥油和茶叶等。这显然是先遣人员埋藏在那里供九世班禅届时救急用的，按预约做的标记。

子聪草坝，外蒙古哲布尊丹巴的经师罗桑图丹正行进于此，由此九世班禅的队伍命运突转，并就此彻底脱离险境。

在艰辛的旅途间，被迫离藏的九世班禅还在青海见缝插针地为蒙、藏等族信众做了长寿灌顶法会。

历经无数风浪考验的九世班禅政治上已趋成熟，他不忘派出要员前往西宁，向镇守使马麒致候。

中央政府电令甘肃　　内容尽显尊崇

1924年4月25日，星期四，九世班禅的队伍到达甘肃地理位置最偏远的安西（今甘肃省瓜州县）。

闻讯赶来迎接九世班禅的是安西县县长陆恩泰。九世班禅在县政府居住的一周时间内，不忘电告甘肃督军陆洪涛，希望过草地迳赴北京。陆洪涛旋即电致北洋政府大总统曹锟。

不知何因，媒体引用权威人士的话说：九世班禅此次来内地并"未带仆人随员，沿途颇感不便，拟请政府派员招待"[57]。

大总统曹锟旋即复电命令陆洪涛做好以下四项工作：

一是，即转告九世班禅请其入京；二是，甘肃要优礼欢迎九世班禅；三是，由甘肃督署按日供养九世班禅膳宿诸费三百元；四是，九

---

[57]《申报》1924年5月4日，第7版。

世班禅改乘骡轿。

从茫茫雪原，几经追扰，再到内地行走，一路护卫，僧俗拈香恭迎。前后待遇迥异，令人感慨万千。

九世班禅及其随行人员闻听大总统的来电难以置信，特别是中央政府电令甘肃供应九世班禅的每日费用高达300元，此际"国务总理月薪1500元"[58]，这已是公务员序列中的最高待遇，总理日薪折合也只有50元。由此可看出，给九世班禅的月供9000元经费比当时的国务总理月薪还高出6倍，比当时大学正教授月薪高出30倍。

此时，二等堪布白喇嘛带给九世班禅两首传诵在拉萨城的街头歌谣：

都说班禅似兀鹰，展翅飞翔去他乡。
都说错果[59]像猎犬，空手而归嗅地面。
班禅喇嘛好似神，他的坐骑像只鸟。
金鞍放在鸟背上，扶摇直上入云霄。[60]

要员兰州迎接　接待方案成为标准

1924年5月9日，兰州。

迎接九世班禅的是豪华的阵容：

首先出场的是奉大总统命专程赶至此地的中央要员李乃芬，他

---

[58] 陈育红：《战前中国教师、公务员、工人工资薪俸之比较》，南京：《民国档案》2010年第4期，第75页。

[59] 系藏军追兵首领。

[60] [美]梅·戈尔斯坦：《西藏现代史（1913-1951）——喇嘛王国的覆灭》，杜永彬译，北京：中国藏学出版社，2005，第72-73页。

此行带来总统册封的"致忠阐化"封号,赐金册金印,以彰公忠赞治、教化十方之功;

接着出场的是九世班禅认定的拉卜楞寺五世嘉木样活佛,请其莅寺传法;

最后出场的是甘肃军政要员以及数千民众的列队欢迎。

在兰州城罕有的盛大欢迎入城式中,九世班禅乘坐"黄缎八抬大轿"[61],来到了城外雷坛寺。映入眼帘的是黄布铺地,黄缎饰壁,高扎彩坊,极其庄严。

九世班禅不忘派出身边最亲近的堪布罗桑般丹以专员的名义再次前往西宁,向为其一路做护卫的百名将士送上慰问,同时专送特制金灯,以供养在塔尔寺宗喀巴佛塔前,并送布施给塔尔寺喇嘛。

从安西到兰州,千里疾行。

从派安西县县长陆恩泰为护送专员在甘肃全程陪护,到肃州吴镇守使倾其所有,竭诚招待并护送到甘州、凉州,再由凉州镇守使马廷勤护送到兰州。

九世班禅刚到兰州,就不顾自身辛苦,不舍昼夜地开展了一系列护国利民、信解行证的宗教活动:

在驻锡地雷坛寺,他传授绿度母长寿佛灌顶法。甘肃、青海各地僧俗闻讯蜂拥而至,顶礼膜拜……

嘉木样五世"经常前往拜会,接受教诲,深细交谈,有时整日共叙"[62],并聆受了九世班禅珠嘉派传规的无量寿佛灌顶和"香巴拉祈愿文"的教敕。

在新伦山寺,九世班禅多次诵读长寿经,与四众结缘……

九世班禅每次法会礼仪均极隆重,法幢启止,必鸣炮九响,并有仪仗相随护。

---

[61] 陈文鑑:《班禅大师东来十五年大事记》(全一册),南京:大法轮书局,1948,第1页。

[62] 扎扎:《嘉木样呼图克图世系》,兰州:甘肃民族出版社,1998,第324页。

九世班禅虽然忙碌，但心情极为舒畅。这是他自1902年以来，20余年来最幸福的时刻，他感受到自己作为藏传佛教宗教领袖的价值，感受到宗教领袖话语的字字千钧。他意识到，自己未来宗教活动的重点应着重阐明"精进是一切事业成功之路"，以为民护佑，为国尽忠。

甘肃督军陆洪涛以敬仰之情，自觉配合九世班禅的弘法活动，并对为数不少来省的藏僧礼拜者赏赐甚优，以示怀柔。

其间，九世班禅在兰州向大总统发去他到内地后的第一份电报，对大总统的称呼用了"神人之主大总统"[63]"莲座金轮台前"[64]的尊称。电文主要内容为：

一是，"余班禅额尔德尼现在康适，沿途亦甚平安"；二是，"每日祝告上天佛祖佑我大总统措施政治有益宗教、生灵，如夏令之水，来源畅达"；三是，"余班禅额尔德尼甚愿瞻觐颜色，一俟稍凉，当即来京谒见，面呈一切"；四是，"尤愿善保玉体，照临国家"。

在这封电报中，九世班禅还表示将特派曲本堪布及大堪布噶金曲批二员速往北京，恭请大总统金安。九世班禅还给大总统备上七种礼物：哈达、长寿佛、九世班禅相片、黄氆氇二匹、红氆氇十匹、藏红花六两一厘、藏香二十股，并恳请赏收。

扎什伦布寺被噶厦强行接管

此时十三世达赖喇嘛的消息传来，九世班禅离藏后首次看到了关于他的来自拉萨的公告，其中提到：

您似乎已经忘记了您的先辈们的神圣历史，流浪到一个荒无人烟的地方，像被灯光吸引的蝴蝶一样，您这样是自找苦吃……

---

[63] 中国第二历史档案馆、中国藏学研究中心编《九世班禅内地活动及返藏受阻档案选编》，北京：中国藏学出版社，1992，第1页。

[64] 同上。

九世班禅叹了口气，不知谁该惋惜谁。因为九世班禅身边之人在内地的感受，根本不需再述。

九世班禅继续往下看，脸上渐渐呈现出少有的不满：

"由于您和您的总管和堪布们都已离开日喀则而到了异国他乡。所以，西藏噶厦政府将任命一位札萨喇嘛并把他派到扎什伦布寺去，以免延误扎寺内外事务的管理……该通告将向所有喇嘛和属民发布，以使他们能够明白所发生的事情，使自己的行动不出现差错……"

九世班禅抬头对身边人说，噶厦已接管了我的辖区，接管了我的扎什伦布寺。请立即回信，明确告知十三世达赖喇嘛两点意见：

一是，"由于许多规定与历代达赖喇嘛所采用的法律和惯例相悖，所以，扎什伦布寺以及我的辖区的其他较小的寺庙遭受了极大的痛苦"；二是，"请不要怪罪于我"。

这是九世班禅到达内地之后，第一次与十三世达赖喇嘛的信件往来，也是九世班禅给十三世达赖喇嘛的最后一封直接沟通的信件。

不久，十三世达赖喇嘛的复信再次到来，字里行间仍然充满了不友好的口吻：

看到您悲观失望地呆在汉地那边，长此下去，我不知道会有什么不幸降临到您头上。

九世班禅见信后，想到辖区已被噶厦管理，心在滴血。虽然这是他早就预料到的，因为按旧规，札萨喇嘛应从寺庙活佛中由九世班禅亲自挑选委任，再加上噶厦政府所派孜康堪钦是贵族俗官，因而引起扎什伦布寺的不满。扎什伦布寺遭受了空前的欺凌。"各寺院的收入大为减少，以至于连敬神的贡品、做佛事的用费都颇为困难，僧众的衣食自然也就成了问题。噶厦政府如此对待后藏僧俗民众,但他们还是逆来顺受,从不曾进行过有组织的反抗。"[65]

九世班禅深知,自己离藏"意味着西藏上层和许多僧俗群众反对分裂,反对英国人插手西藏,反对亲英分子出卖西藏的态度"[66],英帝国主义和亲英分子们无论如何狡辩,也不能否认在西藏的政教权力结构中,仍有许多爱国僧俗反对分裂西藏而倾向于中央的事实。

此时外面锣鼓喧天,法号长鸣,隆重的欢送仪式即将开始。

目的地,北京。

礼炮声、欢呼声、法号声、诵经声,混杂一起,瞬间烘托出一个热闹缤纷的氛围。这一次出发,标志着九世班禅以宗教领袖的身份正式与新生的国家政权同频共振,成为中国近现代史上藏传佛教发展历程中重要的一页。

值得一提的是,九世班禅在甘肃尚未离开时,就有出版社提前在上海广为宣传预售《班禅游甘记》,这部九世班禅甘肃游记,洋装一小册,售洋一角。

中央政府迎护专员李乃芬率卫队百余名护送九世班禅自兰州经西安、洛阳前往京城。中央政府蒙藏院为此特设专处,"名曰蒙藏院招待班禅事宜处"[67],处下还设有总务股、文牍股、会计股、庶务股,指定掌管暂行章程。

由于第二次直奉战争,沿途一时间炮声隆隆。为九世班禅路途安全计,各方希望九世班禅暂缓进京,但九世班禅没有答应,继续前往北京。

---

[65] 囝康·格桑德吉:《九世班禅出逃内地前后》,载西藏自治区政协文史资料研究委员会编《西藏文史资料选辑(内部发行)》(第四辑),1985年2月,第6页。

[66] 车明怀:《民国藏事乱局留给后人的启示》,拉萨:西藏人民出版社,2016,第49页。

[67] 《蒙藏院送拟定招待班禅事宜处职掌章程备案事致国务院函》(1924年7月21日),载中国藏学研究中心、中国第一历史档案馆、中国第二历史档案馆、西藏自治区档案馆、四川省档案馆编《元以来西藏地方与中央政府关系档案史料汇编》(第六册),第2468页。

九世班禅的特别影响，使军阀刘镇华、胡景翼等交战双方有了共同的想法。他们都认为九世班禅"爱护祖国，远道来京，竭诚欢迎，各令地方官吏负责送出防线"[68]。

军令如山，所有前线官兵一律停火。

战争为活佛让路！

这个在近现代战争史上都甚为罕见的停战真切地发生了。

一位活佛，一位藏传佛教格鲁派活佛，缘何有如此能量？

醴京县，刘胡双方交战的最前线。

时年33岁的胡景翼为陕西富平人，系后起之青年学生军人，在陕民间颇负盛名。他亲自在此迎接九世班禅及其随行人员，妥善安置随行车队200余辆，一切亲力亲为，只为安全护送其离开危险的防线。

对九世班禅来说，战争的伤痛就在眼前，黄土之上尸骸遍野，内心悲怆。于是他诵经不断，以事超荐，"骤将黑暗地狱，化为庄严世界"[69]。就这样，九世班禅与沿途军警民共发菩提心，竭力救济赈灾，经咸阳到达西安。

军阀刘镇华高接远迎于西安朱雀门外。

在西安城内的八仙庵，九世班禅作出了人生中两个可圈可点的决定。这两大决定奠定了一位藏传佛教领袖在现代中国的起承转合过程中的位置：

一是，到此第18天，他发出通电，以藏传佛教宗教领袖的名义调解奉天督办张作霖和两湖巡阅使吴佩孚的矛盾；二是，九世班禅目睹内战不息，为劝息内争、永保和平，他详细阅读了孙中山先生1924年11月10日的二次北上宣言，对其提出的两点感受颇深：其一，"帝国主义唯能乘吾国民之未觉悟以求逞，军阀亦唯能乘吾国民之未觉悟以得志于一时，卒之未有不为国民觉悟所屈伏

---

[68] 丹珠昂奔主编《历辈达赖喇嘛与班禅额尔德尼年谱》，第636页。

[69] 陈文鑑：《班禅大师东来十五年大事记》（全一册），第2页。

者"[70];其二,"凡武力与帝国主义结合者无不败,反之,国民结合以速国民革命之进行者无不胜"[71]。

1924年12月29日,九世班禅通电全国党政军领导人:

> 我国值风雨飘摇之际,正危急存亡之秋,亟应速息内讧,力图上理。乃者烽烟未靖,风鹤频惊,同室操戈,既贻煮豆燃萁之诮,渔人伺利,将成摘瓜抱蔓之非。唇既亡而齿自寒,皮不存而毛焉附?

九世班禅以宗教领袖的身份呼吁和平,详阐善恶果报。电报发出后均有电响应,主张和平,这是九世班禅"第一次公开表明自己政治态度的宣言。他表达了自己忠心为国的思想,也在全国各族人民面前展示了一个爱国高僧的形象"[72]。

病中的孙中山在天津回电九世班禅,表示响应,主张和平。这成为九世班禅与孙中山先生的第一次直接联系,也是唯一一次联系。

山西太原的意外仪式

黄河,中华民族的母亲河。

九世班禅在黄河最大拐弯处的风陵渡登船直入山西。此时渡河的船只达20多艘,每只船头船尾遍插黄色旗帜。

1924年10月23日,冯玉祥部包围总统府、国务院等机关,发动"北京政变"。大总统曹锟11月2日通电下野,11月24日段祺瑞就任临时执政。北京铁狮子胡同1号——中央政府立即向九世班禅发电:欢迎九世班禅莅京。正在山西太原的九世班禅闻讯"感激

---

[70] 原馥庭:《孙中山先生革命事业与山西》,台北:菁山草庐,2009,第129页。

[71] 同上书,第129-130页。

[72] 《九世班禅出走内地述略》,载喜饶尼玛:《近代藏事研究》,第168页。

无既"[73]，第一时间派员向段祺瑞呈递哈达与贺书，并以国运昌隆、区夏谧安为颂。

此时阎锡山为山西督军，他亲自迎接与其同为41岁的九世班禅。九世班禅一行乘坐汽车经运城、临汾、平遥进入太原城。站在迎接队伍最前面的是"躬率文武官员均至首义门外汽车站迎迓"[74]的阎锡山。九世班禅在二十一响礼炮声中乘坐事先备好的八抬大轿，"左右并由宪兵扶护，轿前黄伞盖一，再前为军乐队，鼓号齐鸣。队前黄旗，临风招展。军乐队前有武装宪兵一队，最前则为骑兵一小队，行列齐整，气象肃然。"[75]队列行至驻锡地傅公祠，傅公祠清雅庄严，装饰一新。来此顶礼供养者不可胜数，沿途欲瞻活佛真容者"相与并肩累迹，万人空巷，极为热闹"[76]。

在山西太原，九世班禅竟意外接到临时执政段祺瑞希望自己"从速进京"的电报，并告知"为优崇班禅起见，分派专员，赴石家庄、保定两处欢迎"[77]，并特派其大儿子段宏业以及蒙藏院代表图桑诺布、蒙古王杨桑巧、章嘉呼图克图与九世班禅一起欢度农历新年。

这也是九世班禅与七世章嘉呼图克图的首次见面。

1924年12月底，九世班禅第一次前往五台山，段祺瑞派出要员董士恩往迎。

一个多月后，九世班禅即将自石家庄正定启程赴京前，京汉铁路局局长杨慕时奉政府之命筹备班禅入京车辆及沿途保卫工作，除决定在"石家庄、保定、长辛店、前门四站各扎花牌楼一座，安设

---

[73] 侯希文：《西藏与历代中央政府来往政务公文选编》，北京：社会科学文献出版社，2015，第245页。

[74] 《申报》1925年2月4日，第6版。

[75] 同上。

[76] 同上。

[77] 《当局欢迎班禅之优崇》，《顺天时报》1925年2月14日，第7版。

电灯多盏并备军乐四队,分在各站欢迎"[78]外,中央政府对九世班禅自石家庄到北京这一段行程做出最终的欢迎及安保警卫方案:

一是,班禅经过之路线,除本路各车,届时一律停驶;二是,所有输送军队、军需各项列车均应一律让候,以示优异;三是,特令京汉路警务处派得力巡官随同各列专车分设岗位直接护送,暗带勃朗宁手枪以防不虞;四是,自石家庄至北京沿站长警届时停止休息,换穿鲜明新制服,全体持枪上站;五是,自石家庄至京沿线桥梁由第一大队遣派干练长警分别驻守,以资防卫……

当九世班禅自石家庄登上专列时,让他惊喜的是临时政府专门命令京汉铁路食堂经理陈玉山预备最上等西餐,并专门制作一张极其精美的菜单,用汉藏双语印刷,呈送到九世班禅面前——早茶:麦皮粥、火腿蛋、炸鱼、牛肉扒、凉菜、鲜果、咖啡;午餐:什锦小吃、燕菜鸽蛋汤、炸香桃桂鱼、八宝大酥盒、牛肚托鸭肝、番茄烩鸡青菜、英腿芦笋、烤火鸡、奶油沙瓦蓝、吉司、鲜果、咖啡。[79]

九世班禅感受到了中央政府对其极大的爱护。显然,临时执政对九世班禅万里跋涉、倾心中央是深表敬佩。

北京:一场特殊的迎接仪式

1925年2月25日,京城欢庆春节的气氛还未完全散去。为营造欢迎九世班禅的良好氛围,警察厅"命各店户一律悬旗,声势极盛"[80]。中南海瀛台——九世班禅在京驻锡地早已万事俱备,器物"均裹黄缎,门首设牌楼,上书汉藏文欢迎文字"[81]。

---

[78] 《申报》1925年2月12日,第10版。
[79] 《阔哉班禅喇嘛》,《兴华周刊》1925年第22卷第8期,第20页。
[80] 《申报》1925年3月1日,第6版。
[81] 《申报》1925年2月21日,第5版。

九世班禅此前一小时乘坐专列到京时，他完全没有想到，数九寒天，在首都迎接他的人群竟达数万。班禅"为许多喇嘛扶持而下，行于黄布之上，其人貂套貂帽，面黄色而须亦黄色，目光迥然，颇有威稜"[82]，在震天的欢呼声中，他"乘坐政府预备之黄色汽车，由西车站出发，入正阳门，经过天安门，转入新华门，换乘暖轿，喇嘛108人及班禅仪仗等在新华门等候"[83]，其中段祺瑞的代表、蒙藏院的官员、黄寺及雍和宫的喇嘛悉数随同九世班禅至瀛台。

　　欢迎的人们都感受到，"此次西车站之欢迎班禅与上次东车站之欢迎孙中山，同为希见之盛况。而种种离奇之景物及热闹之气象，则为上次东车站所无"[84]。

　　中南海瀛台曾是清雍正皇帝休息泛舟、办理政务之地，乾隆皇帝曾经在此观赏焰火、大宴边疆少数民族代表。

　　此次，九世班禅进京，政府沿途保障周密，可谓罕见的盛事。这次耗费的十几万元，蒙藏院在半年后才全部偿清。对此，九世班禅自然"本其宗教的心肠，发为慈悲的言论……体谅政府的心意"[85]。

　　不久，在民国政府举行的"善后会议"中，九世班禅提出了三点建议，内容新颖，引起与会代表的强烈共鸣。一位藏传佛教活佛拥有如此的胸怀和远见，也令内地军政要员刮目相看：[86]

　　一是，"丧军民之生命，耗国家之金钱，其原因皆由做大官秉

---

[82]　《申报》1925年3月1日，第6版。

[83]　《中外大事记》，《兴华周刊》1925年第22卷第8期，第44页。

[84]　《申报》1925年3月1日，第6版。

[85]　颂皋：《内外时评：班禅晋京》，《东方杂志》1925年第22卷第5期，第5页。

[86]　陈文鑑：《班禅大师东来十五年大事记》（全一册），第5页；《班禅致善后会议函》（1925年1月27日），与陈文鑑版本之间稍有字词差别；中国第二历史档案馆、中国藏学研究中心编《九世班禅内地活动及返藏受阻档案选编》，第2页。

权者自私之一念。今后尽释前嫌，化除我见，将是己非人，轻公重私之病，均改悔了，只是一心，想中国往好处走。自然五族共和，人同此心，使财政富足，人民安乐，想诸君子对此自有良谟"；二是，"某以为善后诸事，以诸大君子同心诚意，化除我见为基础，自然容易办理……是故此次之会议，乃国家之公事，非一人一家一党一派一地方之私事"；三是，"各本公心，通盘计划，福国利民，实系乎此。"

2月26日上午10时，九世班禅至临时执政府，由大礼官出迎，引入接待室。"礼堂前卫士班立，文武侍从官都翊卫使，翊卫使等分侍礼堂左右，承宣官入启临时执政，临礼堂两向中立。蒙藏院总裁、副总裁、大礼官引班禅及随从堪布等至大礼堂，北向立，随从堪布及翻译等，在班禅后立。蒙藏院总裁、副总裁向东立，班禅及堪布等向临时执政行三鞠躬礼，临时执政答礼，班禅呈递佛哈达，临时执政亲手接受后，亲回赏哈达，随从堪布等呈递哈达，由都翊卫接受，临时执政回赏哈达，由翊卫使转受，班禅及随从堪布等均向临时执政一鞠躬致谢。"[87] 会见完毕后，九世班禅"行一鞠躬礼，由蒙藏院总裁、副总裁引出大礼堂，送至门，仍由翊卫使四员及蒙藏院派员护送至瀛台"[88]。

九世班禅在首次正式会见中详述筹边意见，提供给政府一份《致善后会议消弭战祸实行五族共和意见书》，供决策参考，主要观点是：

"班禅倾心祖国……冒万险行万里而赴内地者，实因五族共和，须求实际，所望中朝对于西藏，仍照从前亲密，使两族人民，永久巩固，同卫国家。"[89] "班禅世受国恩，虽僻在边隅，而报国之心无日或忘。"[90]

---

[87] 《中外大事记》，《兴华周刊》1925年第22卷第8期，第44页。
[88] 同上。
[89] 刘家驹：《班禅大师全集》，第171-172页。
[90] 中国第二历史档案馆、中国藏学研究中心编《九世班禅内地活动及返藏受阻档案选编》，第4页。

次日晨，段祺瑞即前往中南海瀛台回访九世班禅。此时的"新华门内至瀛台，则由段执政卫队警卫，车抵瀛台时，段执政及扈从人员，皆下车步行"[91]。"执政至涵元殿，班禅亲降阶相迎，执政与班禅乃偕行。"[92] 短短五天时间，两人友好的会谈就达三次之多。

为了表达政府对九世班禅的优渥，临时执政段祺瑞还在新陆军部内特制筵席。昔日庄严的军部大门口"用松花扎成牌楼，缀以'欢迎'二字"[93]。赵尔巽等身穿大礼服迎请九世班禅，"沿途军警林立，禁止行人往来。班车所至，各军鸣号致敬"[94]。

宴席后，段祺瑞专门邀请梅兰芳为九世班禅演出《霸王别姬》。

中南海瀛台，四面临水，亭台楼阁，似海中仙岛。

这些天，各蒙盟旗的王公、贝勒、僧俗民众络绎不绝，他们恳求受无量寿佛灌顶者，无日无之，而多则五六次，少则一二次，供养之丰，昔未曾有。粗略计算，数万蒙古族人因此来京。

九世班禅刚到北京，其讲经的方式亦令信众耳目一新，这里列举几则。

关于国家与人民的关系，九世班禅讲道：

经云：诸有智者，皆以譬喻而得解，国家譬则林树，人民譬则众鸟由空下翔，共集于一林一树之间，必其林树蔚然深秀，根本坚固，而后众鸟之栖止始安。否则，风雨一至，树拔林摧，众鸟皆将靡所托身矣。

为了进一步说明这个关系，他又用了舟水来做比喻：

若渡海然，欲从此岸以达彼岸，必须具坚固之舟楫，备良好之帆

---

[91] 《执政昨赴瀛台回访班禅》，《顺天时报》1925年2月28日，第7版。
[92] 同上。
[93] 《段祺瑞欢宴班禅喇嘛》，《兴华周刊》1925年第22卷第9期，第45页。
[94] 同上。

樯，始能安然而获济。否则，波涛汹涌，舟行其间，必遭灭顶覆溺之患。

他紧接着用第三个比喻说明大局与小策的关系，他说：

凡人欲览一地之风景，欲察一方之形势，必择高岗之上，登临眺览，环顾四方，然后风景、形势了如指掌。否则，顾此失彼，瞻前遗后，不能得其真相矣。

北平宗教界知悉九世班禅抵达北平，即于1925年4月12日在其驻锡地举行2000多人的盛大欢迎仪式。来宾大多是宗教界的代表人物，其中不乏来自欧美等国人士。

令人称道的是，九世班禅到京之后，为了尽快实现用汉语沟通的目的，甚至有"以金刚、钻戒、金佛各一为赞，拜熊希龄为师，授千字课"[95]一说。熊希龄曾在1913年当选民国第一任总理。

3月11日11时，新华门至吉兆胡同沿途军警森列，班禅与大堪布罗桑、土观、译员等分乘汽车三辆，罗车在前，班车为黄色汽车居中，译员车殿后，疾驰至执政府。这是九世班禅此前一晚请蒙藏院呈告大总统有紧急事务求见。九世班禅用藏语说明来意，表明当前正是"我国收复外蒙之机会，请速与驻京俄国大使加拉罕交涉一切，俾我国对于外蒙，得完全行使其统治权"[96]。

九世班禅特别提到自己世受国恩，虽远在边疆，报国之心却无日或忘，这着实令段祺瑞感动异常。九世班禅与内地高层的互信关系与此次会见的成功有极大的关系。

3月12日，孙中山病逝，九世班禅立即派代表前往致祭，并送花圈两个：一系班禅自赠，一系大堪布所送，直至孙移灵西山。

---

[95] 《申报》1925年4月8日，第3版。

[96] 《班禅请政府收回外蒙》，天津《益世报》1925年3月12日，第4版。

沪宁杭之行　全面展示高僧大德形象

1925年4月，九世班禅应浙江巡阅使、直系军阀孙传芳的邀请，经济南、南京、上海首次前往杭州。

该车为"京奉第一号"，地面垫以紫红地毯，其内厅之桌椅帷幔铺垫等均为三色黄缎，桌上摆满奇花异草，案设古铜宝鼎，中焚藏香，入此室后，觉置身众香国里……

在济南停靠时，九世班禅专程询问泰山古迹，山东省长将备好的《泰山道里记》送上，山东赠送的高级礼物有条不紊地悉数装车……

随后，九世班禅在一排宪兵的护送下再次登车，"于车中微颔其首，军乐作，汽笛鸣，而专车南下"[97]。

杭州地属浙江，浙江省的实际掌门人就是孙传芳。

九世班禅要来杭州讲经说法的消息传开后，"班禅大师的肖像开始在全城各照相馆玻璃橱窗内陈列……各种报纸不断登载有关大师的简单事迹和最近行踪的报道，赞扬他是一位爱国的藏传佛教领袖，这使大家怀着十分殷切的心情期待着这位活佛的到来"[98]。

浙江杭县知事陶镛参与了接待工作，他注意到两个细节：一是，班禅仪容俊伟，不苟言笑，彬彬有礼，简而无傲；二是，遇礼佛，说法诵经必斋戒，规律甚严。这说明九世班禅作为藏传佛教格鲁派的领袖，一方面十分注重形象，另一方面又入乡随俗。除此之外，九世班禅在生活等各方面都非常注意，使人不致对藏传佛教产生误解与偏见。

后任国民政府蒙藏委员会驻藏办事处英文秘书的柳陞祺当时还是一位中学生，他对孙传芳接待九世班禅的礼节留下了相当深刻的印象：

---

[97]《班禅专车过济》，重庆：《海潮音》1925年第6卷第4期，第22页。

[98] 柳陞祺：《忆九世班禅》，北京：《中国西藏》1994年第2期，第36页。

两边人行道上已挤满了人群，马路上禁绝车辆行人往来，路面新铺一层黄沙……不久，有一队队背枪的骑兵马队沿着马路两边清道，再隔一阵又来了更多的骑兵队伍簇拥着大群骑马的官员，正中有一辆全部车身用杏黄绸包扎的马车款款而来，这时候除听到杂沓的马蹄声，人群的低语声，马路上变得一片肃静……

柳陞祺在近70年后回忆此景时，仍记忆犹新：

那种安静和严肃的气氛，纯粹出于群众自发，是我在杭州从未经历过的。

钱塘门外，西湖杨公祠。
这是九世班禅的驻锡之地与行辕办公之地。
应杭州佛学会的邀请，他在此传授四咒和五戒，还专程前往灵隐寺，依藏传佛教密教仪轨传授长寿佛咒，并诵经祈祷以结胜缘，为浙江祈福。
在西湖边幽静的"来音小筑"花园，柳陞祺和同学见到了大师九世班禅：

中年模样，身材不高，微胖，穿一身黄缎的长袍马褂，有一张方形但略带圆的脸，他微微笑看着我们。于是我们按预先告诉我们的规矩……排队缓步走到大师面前，低头，用双手献上哈达，大师接过后，用一根大约半公尺长、中间打了一个小结的红绸带披在我们脖子上。如此第一个完毕，第二个接上，前后不到几分钟时间全部完毕；我们退到外面花园里时都非常高兴，因为我们终于实现了我们一个共同的心愿。

九世班禅披在柳陞祺脖子上的红绸布，藏语称为"松度"，即吉祥结，是九世班禅诵经和祈祷时一面打结，一面为信众祝福用以护身的珍贵信物。

繁忙紧张的法会结束之后，驻锡西湖的九世班禅提议重建雷峰塔，恢复古迹，阐扬佛法。杭州民众的整体印象是九世班禅为人忠厚，修养极深。这位远在后藏日喀则的佛教宗师，冒着生命危险来到内地，是大家一致公认的爱国行为，唤起了全国的同情和敬意。大家语言虽不畅通，情意极为投洽。

此行，九世班禅将自己"从西藏带来之高脚黄黑白三种马匹六匹，除二匹赠送淞沪警察厅长常之英外，尚有黄马二匹赠送浙江督办孙传芳，黑马二匹赠送浙江省长夏超"[99]，以感谢他们的周到安排。

值得一提的是，浙江省省长夏超于1926年11月兵败被害时，胸前依然佩戴九世班禅所赠送的护心佛。

专列继续在中国最富庶的长江三角洲奔驰，九世班禅第一次莅临南京，驻锡毗卢寺。

九世班禅在此发表讲话，对国家、民族、人民表达了自己的意见：

今日与诸君和聚一堂，有如兄弟同胞，唯两次过此，过承长官绅者优待，诚感激不置，余希望为官者爱民，各界各团体，一致爱国，善恶宜分明，宗教宜合作，如是则国家可日即富强，人民可日有进步。余唯默祝国家人民，将来得种种之善果，国泰安民。[100]

中华民国肇建，国体变更，但汉、满、蒙、回、藏五族平等，蒙藏旧制未改，因此中央政府继续遵循前清体制，所有接待无论车服均尚黄色而为一时流行的标准。

---

[99]《申报》1925年5月19日，第13版。

[100] 左齐:《苏当局欢迎班禅记》，天津《益世报》1925年5月26日，第4版。

普陀山、上海之行再现九世班禅乐善好施

全新的"新江天号"巨轮，静静地泊靠在重兵把守的上海招商局码头。

这是专门为前往普陀山朝佛的九世班禅及其随员特备的大船，船载人员超过200名，"非他轮所能容也"[101]。当时，四万人云集码头欢送九世班禅，塞满道途，军警照料，秩序井然。九世班禅在感动和感慨中登上舷梯，写下了人生第一次乘船出海的记录，这也是藏传佛教领袖首次访问海天佛国。随员土观佛等60余人赞叹接待方的精心、极致——"全船均饰黄色，加以鹅黄绸彩为之帐幔，顿显庄严"[102]。

一路海波澄净，九世班禅在短姑道头上岸，迎接他的是普陀各方丈以全部仪仗恭迎，一时钟鼓齐鸣，庄严肃穆，黄布沿荷花石块一直铺到普济寺。处于感动之中的九世班禅立即到圆通宝殿礼拜观世音菩萨，随后在普济寺大殿升座，为每一位僧侣顶礼，为普陀山1400多位僧众发放布施。临别之际，他再送普陀山普济寺3000大洋香火钱以表心意。

3000大洋在当时是一笔巨款。这时的北京和上海已"陷入难以名状的窘境，有的银行竟然3个多月不给行员发薪"[103]，就在班禅访问上海时，军阀战争虽造成该市"商业不振，银钱两业首当其冲，颇难支持"[104]，但九世班禅在上海火车站看到的则是高扎

---

[101] 无名氏：《班禅游普七日记》，载招待班禅同人编辑《班禅东来记》（全一册），第1页。

[102] 同上。

[103] 宁档：《北洋政府京畿卫戍总司令部档案》，《上海晚报》1924年1月5日，载汪敬虞主编《中国近代经济史（1895-1927）》（下册），北京：人民出版社，2000，第2211页。

[104] 《总商会月报》（第六卷第二号），载汪敬虞主编《中国近代经济史（1895-1927）》（下册），第2211页。

欢迎牌坊，为接待他还特意向毗卢寺借用最好的莲花宝座一张，上覆以黄缎绣花披垫，又罩以黄缎绣幕一副。值得一提的是，欢迎人员均佩戴徽章，以资识别，并为其备妥天鹅绸袍褂料及黄色缎苏绣湖绣之御用品，并由侦探督察程子卿率警员全程提供警卫任务。

离开普陀山之后，来自"陕、甘、闽、穗等地佛教界"[105]的信众疯传目击九世班禅的灵异殊胜："朝拜观音顶之日，早晨大雾……五步之内，莫辨东西，众僧均有难色，因无人能上下也。待大师法驾起行，将陟山顶时，雾忽大开，云净天晴，风静水明。"[106]

班禅还在普陀山各寺佛像前，供献吉祥哈达，传授无量寿佛灌顶法。他在上海总商会僧俗各界的欢迎会上不但宣讲了皈依佛法之大义，传授《释迦牟尼心咒》，更提到了"五族共和"国家：我辈皆是同胞弟兄。但共和云者，非此五族要共和，国家上下亦要共和，世界中外亦要共和，方可地方邀福，人民安乐。

此外，九世班禅到访上海之前，上海电影界迅速调集一部关于转世轮回的美国寰球公司制作的最新影片《恋爱之神秘》，同时"加映英美烟草公司最新时事影片《活佛来临之奇观》，该片内容有班禅步行北京大道之情形与观者之拥挤以及汉蒙藏领袖人物之状况，班禅行宫之庄严，一百零八喇嘛之奇装，均足令人惊异"[107]。九世班禅与身边之人都佩服上海商界对信息捕捉的精准，由此带来的电影票房一时高居榜首。

三年之后的1928年，九世班禅仍念念不忘普陀山的因缘，他在其首次登岸的短姑道头回澜亭用汉藏双语立碑：

海中山岛真古奇，巅上多有慈航法。
鄙等生灵有何孽，恳祈观音消其罪。

---

[105] 杨炳：《九世班禅访问普陀》，载浙江省文史研究馆编《孤山拾零》，上海：上海书店，1993，第110页。

[106] 陈文鑑：《班禅大师东来十五年大事记》（全一册），第6页。

[107] 《申报》1925年4月14日，第7版。

南行弘法：改良宗教生活饮食习俗　谦虚诚恳令信众悦服

夜行的火车上凉风习习，火车与铁轨摩擦出有韵律的声响。九世班禅所经之地沿路地方文武送迎如仪，从来未有之盛。国旗军乐，彩楼栏楣，备极庄严，政府先期通电经过地方长官妥为保护，沿途军警分站警卫，专车特加彩饰，供应维谨，车止车行，军乐响应，为民国以来所罕见；执政府特派达寿翊卫使、熙钰护送，蒙藏院派副总裁祺诚武陪同；在乘新江天轮船时，"外海水警厅长来中将，率兵轮随护"[108]。此行的种种细节，令九世班禅感受颇深，如《班佛驻杭逐日行程暨预定事项》《普陀欢迎班佛仪式单》等相关资料放入房间以供阅览。

九世班禅不善应酬，但处处却能谦光自沐，予人和蔼可亲之感，每遇士绅或握手言欢，或平坐畅谈，因人而施，动无失度。无怪乎蒙地人等不远数千里匍匐来京，以一拜九世班禅为荣，内地的信众则信仰顿增，心悦而诚服。

北京郊区。

列车缓缓驶进北京丰台车站后，蒙古王公乃焚香合十，排队肃立。"专车缓行进站，军乐大作"[109]，九世班禅就这样带着一路的感动于5月中旬途经济南平安返回北京，"到站欢迎者约千余人，聚汉满蒙回藏五族于一处，诚平市罕有之盛会"[110]。

5月的北京，柳絮飘飞。

九世班禅乘坐专列前往山西大同，后改乘汽车到五台山避暑，这是九世班禅第二次前往五台山，驻锡菩萨顶。在瞻拜各大佛殿，供献大银灯以及吉祥哈达后，面对不可胜数的朝拜信众，九世班禅发愿闭关苦修白度母经，并连续在房中静坐21天方告圆满。临别

---

[108]　陶铺：《班禅招待纪略》，载招待班禅同人编辑《班禅东来记》（全一册），第2页。

[109]　《班禅大师抵平气象》，《兴华周刊》1931年第28卷第27期，第41页。

[110]　同上。

之际，再次给五台山僧众发放布施，彰显无量功德。

就在山西五台山，九世班禅还给上海华洋义赈会拍发一封电报，面对四川、贵州、湖南、云南四省人祸天灾，决定将"诵经所得、各方助资捐银洋一千元，托华洋义赈会代为放发，明知杯水车薪，无济毫末，不过聊表寸心，亦藉以尽佛家回入娑婆之责"[111]。

中央政府强化九世班禅地位　再授新封号

7月底，临时执政段祺瑞再次派出两位专使——敏珠尔呼图克图和甘肃督军少将总参议兼督军署驻京办事处处长董士恩迎接九世班禅返回京城。随后，段祺瑞首先任命内务总长龚心湛和蒙藏院总裁贡桑诺尔布为册封正副专使，仿清代制式，使用金册金印，亲往九世班禅驻锡地中南海瀛台颁授"宣诚济世"的封号。

接此金册后，九世班禅独自坐在从清顺治、康熙帝起，清朝皇帝均喜欢居住的瀛台，看闲云入窗，听露滴梧桐，沉浸在领悟金册文字的内在涵义上。

回首43载过往岁月，九世班禅想起他上一次接受金册是在1892年。那时，他只有九岁。白驹过隙，33年过去了，再一次接受金册，一股股暖流直涌心头，他知道中央政府完全能够理解他，尤其册文中的五处用词："莲心功著"让他想到了在西藏、青海和内地无数次法会的过往；"一意输忱"让他想到了自己以最诚恳的心态面对国家；"河清海晏"让他想到了自己与国家一同企盼天下太平；"公忠赞治"让他想到了作为宗教领袖必须得到国家的支持方可永续；"永昭无斁"让他辗转难眠，感慨良多。他将金册文字当成国家对他的一种期望、一种勉励。

次日晨，九世班禅即前往段祺瑞处当面致谢。两人当晚又一次在怀仁堂共叙家国情怀。随后的半个月，九世班禅驻锡处门庭若市。夜晚，他则与随员聚在一起，一起讨论来自西藏的最新消息。

---

[111]《申报》1925年10月17日，第11版。

九世班禅在与随员的谈话中，知悉段祺瑞临时执政府通过《国民代表会议议员选举程序令》，明确规定西藏地方分别以驻藏办事长官陆兴祺及达赖喇嘛或班禅额尔德尼为选举监督。

九世班禅在感慨中央政府一系列德意举措的同时，也有忧心，因为自己离藏已经两年了，西藏地方政府由于英国人的强力介入显得局势更加复杂，西藏上层一些人的分裂主义倾向更加突显，自己的返藏愿望何时能实现？

驻锡护城河边福佑寺　为共和而奔走

三个月后，中央政府拨划位于故宫博物院东北角的福佑寺为班禅办事处永久住址。

福佑寺曾是清顺治皇帝的第三子玄烨躲避天花之地，后在这里饱学苦读终成一代君主——康熙皇帝。雍正皇帝即位后，将该处赐给其第四子弘历作为府邸，但弘历并没有入住。于是此地被改为藏传佛教寺庙，取名福佑寺，由理藩院入册管理。

200多年后，当九世班禅走进坐北朝南、外垣门西向的福佑寺，迎面可见长达18.5米、御制黄琉璃瓦绿剪边的巨大照壁。他在随员的簇拥下，走过钟鼓楼，走过天王殿，仰望面前的两座高广的木质牌楼和大雄宝殿之上正脊中央的须弥座和莲花座铜塔，仿佛置身于朝思暮想的扎什伦布寺，令九世班禅欣喜又感动。

1926年5月，吴佩孚在汉口受十四省拥戴成立讨逆联军总司令部，孙传芳则组织五省联军称为"维护宪法，拥戴合法政府"。面对冯玉祥军队包围执政府并打出"囚段放曹"的旗帜，段祺瑞被迫躲入北京东交民巷。张作霖军队趁机入关，战争阴云密布京城上空，大有一触即发之势。面对极其不稳的政局，面对中央财政匮竭，面对"各商号因前欠未清，已相率停止供给"[112]，九世班禅不顾自

---

[112]《招待班禅费竟用十余万》，《兴华周刊》1926年第23卷第10期，第45页。

身安危，毅然出面。5月16日，九世班禅率先通电全国，提出愿助和平实现，并竭尽全力"北奔南走，几经磋商"[113]，最终"希望从速巩固中枢"[114]。他以国为重的实际行动，旋即得到各路军阀"均表赞扬"[115]的复电。这次通电昭示了九世班禅以著名宗教领袖身份提出倡议并得到了全国各方政治力量的高度认可，强化了九世班禅为国助力实现和平的决心与勇气。

8月22日，北京北海公园举行阵亡兵士追荐会，战争所带来的伤亡令九世班禅心痛不已。他亲自莅临诵经并为死者祈福。

九世班禅离开西藏已近三年时光，其间在北京中南海瀛台居住生活一年多。他最大的希望就是依靠中央政府的力量，返回驻锡地西藏日喀则，于是在1926年8月15日，他给权倾一时的吴佩孚书信一封，首次提出"回藏一事，亦望速为设法解决"[116]。他担心吴佩孚不解其真正涵义，于是在23天之后，又书信一封，专讲三点：

一是，班禅心向祖国，所以冒万险行万里而赴内地；二是，赴内地的真实目的，实因五族共和，可是到京之后，内地内讧不息，欲诉无门；三是，对于西藏地方与中央的关系，"抱极大之热忱，而深知此中委曲者，在中国唯我公为最，嗣后一切之事，专仰钧座指导，尚望将此意转告今日政府当轴"[117]。

北京，中南海瀛台。

1926年9月15日，也就是九世班禅连续书写两封重要信函后的一周，他在此为男女居士传授无量寿佛成就灌顶大法，一时间，京城名流商贾云集，"多为国内名流及学术家"[118]。

在这种热闹的背后，也有些许悲情。九世班禅在京期间由于法

---

[113] 陈文鑑：《班禅大师东来十五年大事记》（全一册），第8页。

[114] 同上。

[115] 同上。

[116] 丹珠昂奔主编《历辈达赖喇嘛与班禅额尔德尼年谱》，第638页。

[117] 同上。

[118] 陈文鑑：《班禅大师东来十五年大事记》（全一册），第8页。

西藏班禅驻京办公处成立大会纪念摄影
1929年《西藏班禅驻京办公处月刊》第1卷第3—4期

会操劳，以致身体不适。跟随他离开西藏的随从人员，到京后由于水土不服，"亡二十余人，现在抱患未愈者，尚屡不绝"[119]，这令其伤心不已。九世班禅关注更多的是社会与民生，他提出"民国合五族为国家，蒙古地方，尤关重要。查该地向来崇尚黄教，班禅之意，拟欲速赴内蒙，凭藉经教，收拾一般之人心"[120]。

"根据辽宁省档案馆馆藏档案记载，当得知九世班禅欲来辽宁时，当时的奉天省就开始做迎接班禅的筹备工作。1926年10月，奉天省成立了招待班禅事务处，负责日后班禅在辽宁的日常生活及活动。"[121] 十天后，九世班禅离京赴奉天（今沈阳）讲经，垄断东北经济和金融的张作霖指定奉天黄寺为大师行辕，给予特别待遇和

---

[119] 刘家驹：《班禅大师全集》，第172页。

[120] 同上。

[121] 魏庆杰：《九世班禅在辽宁》，太原：《兰台世界》2001年第4期，第39页。

胸前悬挂九世班禅小影之蒙古族妇女
1925年《图画时报》第279期，
摄影：吴涛、文君

极高礼节。张作霖还要求辽宁省电话局免费为招待班禅事务处安装四部电话，并专门成立一支60名队员组成的班禅护卫队。

自此，九世班禅在辽宁驻锡近六载光阴。

此外，九世班禅大师早在1925年到达北平之后，蒙地信众就一再恳请九世班禅赴蒙，为此他特派大堪布罗桑前往抚慰，了解相关情况。此后，他还亲往宣化，对蒙古地区产生了无可替代的影响。

1927年6月15日，南京国民政府发表宣言取代安国军政府，成为中华民国合法政府。这标志着中华民国肇建16年后，第一个真正代表全国各地的中央政府创立了。

对九世班禅而言，他的人生旅程也开始走向顶峰，影响至大至远。

第六章 大动荡中定志坚——复杂局势下"互信与互动"的新格局

1927年4月18日，南京国民政府成立，四分五裂的中国得以形式上统一。此时的九世班禅一如既往地穿梭于白山黑水之间，竭尽全力抚慰信众。

奠定双方互信的点滴建构

九世班禅在南京国民政府成立后，继续在北方以宗教领袖的身份勤勉宣化。1928年初，他应达罕王迭次敦请，情难见却，于是率员前往汤拉寺传经诵法。在汤拉寺，九世班禅得知中原发生大规模战事——蒋介石为一方，阎锡山、冯玉祥为一方，李宗仁为一方。他迅速做出的第一个举动就是发表通电，呼吁止兵息争，火速派员亲往山西规劝，希望以己之力调停战事，得到各界首肯与支持。

不久，中央政治会议第168次会议决定任命阎锡山为蒙藏委员会委员长，任命九世班禅为蒙藏委员会委员。九世班禅也再次对中央政府提出请求："西藏民族内受暴政之压迫，外逼强邻之侵略，正处于如水益深，如火益热，奄奄一息，仰求我公最力支持。"[122]

就任蒙藏委员会委员是九世班禅进入国民政府中的第一个正式职务。

一年之后。

对九世班禅来讲，他已进入人生第四十六载。年初，在南京国民政府主席蒋介石的指令下，他在南京成立第一个官方政治机构——西藏班禅驻南京办公处，并发表成立宣言：

---

[122] 中国第二历史档案馆编《国民政府行政院档案》，全宗号2，第2533号。

一、"征诸历史与地理上之关系,西藏欲舍中国而谋自主,实不可能;反之,中国失去西藏,亦犹车之失辅。"[123] 二、"中华民国既为整个之国家,则孙中山先生所遗留之主义及政纲、政策,须力求实现于整个之国土。且藏、康、青海,地广人稀,芸畴万里,蕴藏丰富,若依中山先生之实业计划,则大有裨于国计民生。假使国人视线及政府眼光只周旋于珠江、长江、黄河三流域之间,对于边疆仍旧漠视,则内地纵由训政而宪政,亦非国家长治久安之计,即中国之国民革命,亦不能谓为成功也。"[124]

九世班禅驻青海办公处

九世班禅最后强调成立办公处的意义:

"鉴于国防之颠危,藏民之疾苦,特联合革命立场上之同志,以求西藏民族之解决。近以吾藏同志来京呼号者日益加多,非成立驻京办公处,实不足以资团结,共策进行"[125];"本班禅东下宗旨,向政府报告、接洽一切,更希全国同胞群起注意藏事。"[126]

西藏班禅驻南京办公处成立,罗桑坚赞和朱福南分别为正副处

---

[123] 中国第二历史档案馆、中国藏学研究中心编《九世班禅内地活动及返藏受阻档案选编》,第7页。

[124] 同上书,第8页。

[125] 同上书,第6页。

[126] 同上书,第8-9页。

长，下设机要室、会计科、总务科、宣传科，其中机要室下设汉文、藏文秘书，第一时间接转并翻译南京国民政府的官方讯息。

当年5月，九世班禅正式成立青海班禅办公处，成立的目的是"以期联合革命同志，特使五族同化，及早挽回垂亡之康藏，而求蒙番藏民之解放"[127]。随后，九世班禅还相继成立驻川、驻内蒙、驻山西办公处和驻印度通讯处。

这一年年底，张学良改奉天市为沈阳市，九世班禅又一次前往刚刚"易帜"后的沈阳。旅辽西康全体同乡手执旗帜，打着标语欢迎九世班禅。

11月19日，正当九世班禅在沈阳忙于筹备内蒙古西苏尼特旗贝子庙第三次时轮金刚法会时，在沈阳黄寺第一时间收到蒙藏委员会的电报：

人民信教自由，所有蒙、藏佛教信徒，仍当照旧保护……

这是极力构建现代民族国家的国民政府第一次对信教问题予以正式表态。九世班禅旋即据此公开"宣示蒙古各寺喇嘛，安心诵经"[128]，并详细向僧众解释此电报所宣示的"人民信教自由意旨"[129]的意义。经过深思熟虑，九世班禅在沈阳复电国民政府。这则复电的基调就是互信，公开且鲜明地表明其坚定的政治态度，意义重大。通电的主要内容为：

一是，表明拥护，并期望南京国民政府"成立以来，合全国为一家，结十余年纷争之局，与民更始，视听咸新"[130]；二是，期待南京国民政府能在国家政治建设方面凝聚共识，"万众一心，群策群

---

[127] 中国第二历史档案馆、中国藏学研究中心编《九世班禅内地活动及返藏受阻档案选编》，第10页。
[128] 陈文鑑：《班禅大师东来十五年大事记》（全一册），第10页。
[129] 同上。
[130] 刘家驹：《班禅大师全集》，第220页。

力"[131]；三是，诚挚希望在南京国民政府的信教自由国策下，九世班禅与国家共进退，尽己所能用宗教的力量抚慰民生之苦："唯念五族一家，存亡与共，覆巢宁有完卵，栋折必致榱崩。"[132]

在这封电报中，九世班禅还对山西等地的军阀混战提出批评，"彼造因于一念之贪嗔，乃遗祸于万劫之不复"[133]。他为解救民众之苦，挺身而出表明自己作为宗教人士的担当，在通电中呼吁海内贤达："救民生倒悬之苦，发仁王护国之心……"[134]

上述通电展示了九世班禅是忧国忧民的爱国高僧，其诤言切切，得到了民众的赞誉与拥护。随后，蒙藏委员会发出专电，盛赞九世班禅爱民爱国，有功于世道人心之构建。

期间，辽宁、绥远因水灾造成严重伤亡，九世班禅恻然不安，即日虔诚诵经三昼夜，以超度亡魂，并为黎民祈福。当武汉及全国其他一些地方相继发生特大洪水时，九世班禅与其他宗教人士还在第一时间联合组织息灾法会，为全国灾民祈祷，并捐大洋一万元，充作水灾赈款。

密电请求返藏抵抗尼泊尔入侵

南京国民政府成立不久，1930年因西藏地方政府在拉萨拘捕数名抗税的尼商，尼泊尔政府遂全国动员，准备进攻西藏地方。

"英帝国主义看到西藏地方与国民政府的关系正在往正常化方向发展"[135]，为中断这一势头，极力怂恿尼泊尔进犯西藏。据悉，以王太子巴布塞姆妥率领，尼泊尔出兵六万余人。

---

[131] 刘家驹：《班禅大师全集》，第220页。

[132] 中国第二历史档案馆、中国藏学研究中心编《九世班禅内地活动及返藏受阻档案选编》，第12页。

[133] 刘家驹：《班禅大师全集》，第220页。

[134] 同上。

[135] 喜饶尼玛、苏发祥：《蒙藏委员会档案中的西藏事务》，北京：中央民族大学出版社，2006，第178页。

九世班禅闻讯后，亲自致函蒋介石，希望中央援以兵力，并强调自己返藏抵抗入侵的优势：

一是，九世班禅与尼泊尔国王比希米哲交谊甚笃，如自己派员调解，不仅可以阻止战争，或可以恢复中尼之关系；二是，如果自己参与，纯属西藏内政范围之事，政府更理直气壮，易于应付，而英人无所施其侵略弱小民族之惯技；三是，西康民众近年来备受十三世达赖征敛徭役之苦，倾向班禅，但由于沿途盗贼甚多，为了自卫需要，尤须相当兵力，故郑重向国民政府提出援助枪支弹药及军饷等。

与此同时，九世班禅希望国民政府特派大员一名随军前往襄理一切；选派练达军事、政治人员若干名任指导之责；选派干练党员若干名任宣传之责。"如果中央限于环境，一时不能顾及，则由其自行筹划进行。"[136]

九世班禅在声明中强调所有西藏之外交军事悉听中央主持。

中央政府拟同意派兵护送九世班禅回藏，但对其所请成立卫队，拨发枪械，暂未答复。

九世班禅正思虑据此可回到阔别已七年之久的西藏时，康藏纠纷爆发，其返藏计划被迫搁置。

其间，九世班禅不断发出通电并发表演讲，郑重告诉国人：西藏是中国不可分割的一部分，蒙藏信众应拥戴中央政府。其处处展示出来的爱国诚意足令国民政府对其信任有加。

经过几年的友好互动后，国民政府认为邀请九世班禅前往首都的时机已经成熟，希望九世班禅出现在国家重大政治活动上，使这位藏传佛教的高僧以大德、使命、担当的崭新形象广为人知。

媒体眼中的九世班禅首都行

九世班禅首次抵达南京的任务是出席国家最重要的会议——国

---

[136] 牙含章：《班禅额尔德尼传》，第248页。

民会议。为此，南京国民政府为其极其周详地布置专列，车厢"外扎彩饰，圆'欢迎'二字，绿车厢悬彩绸，皆作杏黄色。车中椅榻，亦遍敷杏黄绸，案上并置鲜花、香炉"[137]。

首都南京，春雨潇潇。

蒙藏委员会委员长马福祥在澄平船上对九世班禅说："今日虽雨，迎者犹多，班委今到京，群众更为愉快。"[138]九世班禅笑着说："春雨年成必好。"[139]

1931年5月16日，一张首都阅兵典礼要人图引起外界的广泛关注，图中九世班禅与蒋介石并肩站在最前方，颇有深意。

身处首都南京且极其忙碌的九世班禅，其所参加的一系列公开政治活动成为各路媒体关注的焦点。

1931年5月5日，国民会议开幕典礼。身穿黄缎的九世班禅坐在楼上来宾席，璀璨夺目。他表示：班禅以西鄙远人，得与盛会，与全国代表诸公，快晤一堂，曷胜荣幸。

开幕典礼结束后，九世班禅即率员拜谒中山陵，并献花圈，巡视一周。他向外界传达自己对"五族共和"理念的坚定拥护。一个月后，九世班禅再次前往中山陵，将从沈阳运来的金雕一对敬献于总理灵堂前，雕为古铜质，外裹金箔，工艺极精。

1931年5月25日，在国民党中央党部大礼堂。九世班禅在总理纪念周上正式发表讲演，他的讲演主要有以下五点：

一是，到内地已历时九年，此次来到首都，见政治勃兴之气象，与国民会议之精神，于国家前途实抱无限乐观；二是，格鲁派在西藏为达赖与鄙人所主持，在中国政府保护之下，殊不应有若何纠纷；三是，若政府失去西藏，即不免有唇亡齿寒之虑；四是，希望政府用政

---

[137]　秋尘：《参佛记》，《北洋画报》1931年5月第620期，第2页。
[138]　《申报》1931年5月5日，第6版。
[139]　同上。

治力量早日促其解决；五是，深盼对于边疆人民痛苦，特予注意，俾早解除。

九世班禅"以中央政府奉行三民主义，对国内各族，一律平等，深恰边民之望，乃具矢忠拥护之诚，誓负安边化之任"[140]，这种诚挚拥护中央的热忱深深感动了官民上下。蒙藏委员会委员长马福祥于1931年6月21日向中央写了一份秘密报告：

查班禅额尔德尼此次来京及觐见，面陈藏事，并参加国民会议，其拥护中央热诚，洵堪嘉尚。且班禅通达教理，行持精严，康、藏各处喇嘛僧众信仰至深。兹为对于各地喇嘛寺庙宣传中央政令及抚慰信仰佛教民众起见，拟请特派班禅额尔德尼为西陲宣化使，并得在青海、西康两省境内选择适宜地点组织行署，以便办理一切宣化事宜。所有行署内部组织、经费数目以及班禅年俸，均经本会拟就详细办法，缮折呈奉蒋主席批示照准在案……[141]

1931年6月24日，首次应邀到南京的九世班禅受到国民政府高度评价，予以最高褒誉，因九世班禅"翊赞和平统一，此次远道来京眷念勋劳，良深嘉慰"[142]，并加授予"护国宣化广慧大师"名号。

当日，九世班禅深情地给国民政府领导人蒋介石写了一封呈递，通篇充满自谦之词——"祗领之余，弥深悚惕。唯有求国基之永护，

---

[140] 计晋美：《传记：西藏第九辈班禅事略》，《中国边疆建设集刊》1948年1月，第37页。

[141] 中国第二历史档案馆、中国藏学研究中心编《九世班禅内地活动及返藏受阻档案选编》，第26页。

[142] 《国民政府令（1931年6月24日）》，南京：《国民政府公报（令）》第806卷，1931年6月25日，第1页。

"护国宣化广慧大师班禅"
藏汉两种文字印章

为化治之宏宣……"[143]他在呈递文的最后对国家做出庄严表态:"上答主席眷顾之隆,下祝西藏无疆之福。"[144]

1931年6月27日,南京国民政府派出正副专使手捧册印,"导以军乐队,专使乘坐花车到班禅驻锡所,由班禅堪布二人到大门迎候,行一鞠躬礼,专使入门进至礼堂门外,班禅在北迎候,行一鞠躬礼,专使入礼堂,升座于案之左侧,班禅立案右侧,捧册印官中立,宣读册文,班禅祗领,向册印行一鞠躬,礼后款待专使"[145]。

十几个小时后,九世班禅遵照清代定制与旧俗,即往国民政府办公处对国家之表彰表示诚挚的谢意。程序极其严谨:

主席与国民政府委员依次就座,九世班禅向主席三鞠躬,互换哈达,然后前往接见室,"主席上座,内部长左座,蒙藏委员会委员长右座,班禅对座"[146]。

---

[143] 《中国第二历史档案馆馆藏国民政府档案》,载侯希文:《西藏与历代中央政府来往政务公文选编》,第281页。

[144] 同上。

[145] 《班禅受封礼节》,《大公报》1931年6月28日,第4版。

[146] 同上。

1931年7月1日，南京国民政府大礼堂。

上午10时，授予九世班禅为"护国宣化广慧大师"的典礼隆重举行。戴季陶、马福祥、陈果夫、孔祥熙等国民政府要人亲临现场。九世班禅"衣黄马褂，外披赭色号裟，穿白色金万字边龙头鞋"[147]，仪表庄重，精神焕发，气场十足。其缓步入场时，由现场军乐导引至礼堂。

授予仪式由国民政府代主席于右任主持及致辞，并"颁发班禅玉印一颗，文曰护国宣化广慧大师班禅之印"[148]。他希望九世班禅"大师弘扬光大，以副政府之至意"[149]。九世班禅作了题为《虔诚祈祷护国基于永安》的发言，表示："此后唯有尽宗教之本能，虔诚祈祷，护国基于永安，宣化育之宏愿。"[150]

摄影记者的镁光灯见证并凝固了这一重要历史时刻。

国民政府为这场典礼准备了丰厚赠品，命令典礼局"以极精致之玻璃盒盛之，用汽车二辆载送三元巷班禅招待处"[151]。班禅招待处位于警戒森严的总司令部机关大院内，可见国民政府对九世班禅驻锡地安保的高度重视。

典礼完毕后，"各要人及新闻记者多趋前与班禅握手致贺，班禅笑容相迎，颇有应接不暇之势"[152]。

史无前例的高规格礼遇以及在国家层面对藏传佛教领袖的特别尊崇，令双方互动愉悦顺利，进一步坚定了九世班禅全力维护国家统一和领土完整的爱国之心。

---

[147] 《册授班禅礼成》，天津《益世报》1931年7月2日，第3版。

[148] 《国民政府文官处公函第八九〇八号（1931年11月5日）》，南京：《国民政府公报（公函）》第919卷，1931年，第8页。

[149] 《册授班禅礼成》，天津《益世报》1931年7月2日，第3版。

[150] 同上。

[151] 同上。

[152] 同上。

从战略考量重视并解决九世班禅之忧

国民政府不仅仅使九世班禅在公众面前风光无限，更有一整套相对完整、具体、周到的对其爱国诚意的褒崇措施，这些措施使九世班禅感受到中央政府的善意和尊崇。考试院院长、国民党元老戴季陶为其在京活动作了精心安排，免除其后顾之忧，使其受到最好的优待。

（一）与各级官员会面，彼此以诚相待

1931年5月12日后，九世班禅与国民政府要员的合影，相继刊登发表，留下了珍贵的影像。

5月25日，蒋介石宴请九世班禅，与其"商康藏问题"[153]。四天后，蒋介石与九世班禅再"作长时间谈话"[154]，希望九世班禅"目前宣慰蒙古，重在将中央诚意，布之远人"[155]。

6月5日下午，九世班禅赴汤山，戴季陶即前往拜会，并约定"将同往宝华山"[156]。

1932年12月14日，九世班禅第二次到南京，分别拜谒蒋介石、林森、宋子文。在与国民政府高官正式谈话前，戴季陶曾两次致信九世班禅说明谈话的重点范围，一是，"望我西藏四众同胞，去迷开觉，除疑生信"[157]；一是，"关于藏事之解决，此时切实计划，实不容缓。贤切望大师于法会终了，即命驾来京，一切重要问题，均可详细商

---

[153]《时事日志》，《东方杂志》1931年8月第28卷第15号，第104页。

[154]《申报》1931年6月1日，第8版。

[155] 戴季陶：《复蒙藏委员会马委员长电》（1932年4月29日），载陈天锡：《戴季陶先生文存》之续编《政治部门考铨类考选部分》，台北："中国国民党中央委员会党史史料编纂委员会"，1967，第169页。

[156]《班禅昨赴汤山》，《大公报》1931年6月5日，第3版。

[157] 戴季陶：《致班禅大师书》（1932年6月21日），载陈天锡：《戴季陶先生文存•佛学部门类》（卷三），台湾文物供应社，1959，第1216页。

权"[158]。上述两封信显然期待九世班禅与国家首脑在正式谈话时能聚焦重大主题，期求以最短的时间达到实效。

1933年1月24日，蒋介石身体不适，仍坚持与九世班禅谈话，足见其对九世班禅到来的重视。

1934年1月26日8时，九世班禅参加林森主席就职典礼，旋与戴季陶同车出席庆祝会，迎蒋介石凯旋。7月1日9时，九世班禅在南京参加国民政府成立九周年纪念典礼。

1935年4月20日，九世班禅自宁夏飞抵兰州，随行的班禅秘书长刘家驹向媒体透露："与朱主席晤谈后，即乘机飞青，至筹备入藏事宜。"[159]5月10日14时，甘肃省主席朱绍良前往"五泉"拜访九世班禅，"略事叙谈"[160]。一个小时后，九世班禅亲赴甘肃省政府，向朱绍良辞行。

上述活动，仅仅是九世班禅与中央、地方高级官员密切互动的一部分，这些活动对九世班禅政治声望的提升产生了一定影响。

（二）国民政府高官对班禅的特别优遇

1931年6月29日，蒋介石在日记中写下：致电蒙藏委员会委

西陲宣化使九世班禅乘专列抵达南京
1934年《摄影画报》第10卷第5期

---

[158] 戴季陶：《致班禅大师书》（1932年6月21日），载陈天锡：《戴季陶先生文存·佛学部门类》（卷三），第1221页。
[159] 《班禅抵甘》，天津《益世报》1935年4月21日，第2版。
[160] 《班禅飞青》，天津《益世报》1935年5月12日，第2版。

员长马福祥"告以关于待遇班禅办法修正，报告下次国务会议后，即由国府发表"[161]。蒙藏委员会出台九世班禅待遇的相关细则，规定每月拨款二千元。蒙藏委员会"正核办间"[162]，突然接到中央政治会议函，国民党"第四届第四次中央全体会议主席团之谕知"[163]，决定招待九世班禅的费用由原来的"每月二千元"[164]提高到"每月一万五千元"[165]。一次提高近七倍，并由中央政治会议决议，可见对此的重视程度。

1931年7月3日，国民政府"规定班禅年俸十二万元，每月办事费三万元"[166]，不仅落实了充足的办公经费，还为其分配了表示绝对信任的密电码，以便今后传递重要信息情报。1932年6月18日，班禅驻京办公处正式更名班禅驻京办事处。1933年2月22日，九世班禅开始用此密码电报给蒋介石发电，蒋介石回电："至深佩慰，希将边情随时见示为盼。"[167]可见蒋对九世班禅第一手边疆情报的渴求。

考试院院长戴季陶在自身政务极其繁忙的情况下，始终以国民党元老和政府要员的身份关心九世班禅的生活起居和健康状况。崇信佛教的戴季陶并没有因为九世班禅是"无量光佛"的化身，而将其看成不食人间烟火的天神。两处细节反映了戴季陶在生活上始终将九世班禅看成是一个普通人，普通人则自然会生病：一是，当九

---

[161] 高素兰：《"蒋中正总统档案"：事略稿本11》（1931年5月至8月），台北，2004，第332页。

[162] 《国民政府训令第三八六号（1934年6月7日）》，南京：《国民政府公报（训令）》第1458卷，1934年，第7页。

[163] 同上。

[164] 同上。

[165] 同上。

[166] 《时事日志》，《东方杂志》1931年9月第28卷第17号，第123页。

[167] 高明芳：《"蒋中正总统档案"：事略稿本18》（1933年1月至2月），台北，2005，第474页。

世班禅患感冒时，戴季陶请中西医为其诊视；二是，当九世班禅到内蒙宣化时，戴季陶送上四川野莲粉六包（该药清热解毒，功效明显，还交代服用方法）。不难想见九世班禅在这样体贴入微的关照下，为国家服务之心怎能不日益坚定。

九世班禅返藏路上，在甘肃兰州牙病再犯，中山医院院长宋子安（宋美龄幼弟）亦亲自为其治病，可见关心程度。

（三）筹建宣化使公署

九世班禅首次到南京后，即主动向中央政府提出希望成立宣化使公署。国民政府立即尽力向各方疏通，因意见不统一，国民政府办理过程异常艰难。

一年半后。

1932年12月20日，国民政府推动蒙古宣化使章嘉活佛和九世班禅在南京"商洽联络办法"[168]，为九世班禅成立西陲宣化使公署创造必要的条件。

1932年12月24日，"神采奕奕，行礼如仪"[169]的九世班禅在南京国民政府礼堂"补行宣誓礼，就西陲宣化使职"[170]，"在青海、西康二处，任其择地点，办理蒙藏政教事务，每月拨经费壹万伍仟元"[171]。

就职之日，"蒙古王公及青海康藏滇边诸大寺法主来朝者，近二十人"[172]。国民政府在训词中强调："班禅大师素为蒙藏与全国民众所信仰，此后当能副国家人民之期望，必能使宗教于政治上显著伟大之助力，此乃中央所切望。"[173]

---

[168]《时事日志》，《东方杂志》1933年1月第30卷第2号，第77页。

[169]《申报》1932年12月25日，第3版。

[170]《时事日志》，《东方杂志》1933年1月第30卷第2号，第77页。

[171]《申报》1931年6月22日，第3版。

[172] 李云汉：《戴季陶》，载王寿南主编《中国历代思想家（二十三）》，台湾商务印书馆，1999，第155页。

[173]《申报》1932年12月25日，第3版。

随后，在国民党中央委员、考试院院长戴季陶和国民党中央委员、蒙藏委员会委员长石青阳以及"各报社记者数百人"[174]的见证下，九世班禅公开深情宣誓："自奉中央命后，即诚意宣传德意，冀以宗教实力，效命中枢，振导人心，挽回末劫。"[175]

1935年2月8日，西陲宣化使公署"本中央意旨抚绥边疆"，在宁夏阿拉善旗正式成立。[176]

（四）出行、驻锡的特殊礼遇

在南京

九世班禅于1931年、1932年、1934年三次莅临首都南京，均"由国府参军处指定警卫师一旅警戒"[177]，目的是确保他的绝对安全，以便其更好地为宣传中央德意、维护边疆稳定而尽心竭力。

在沈阳

1930年2月11日，九世班禅五十寿辰生日的次日，张学良亲往沈阳皇宫旧址——省教育会将向其祝寿的仪式安排于此，各处均悬黄绸横额，场内高搭席棚，黄绸所结彩条亦多，剧台甚大。沿途军警护卫，九世班禅乘黄色汽车，身着黄缎散花皮袍，黄团龙花缎马褂，绛紫色缎裤，戴着深黄色貂帽。九世班禅精神极佳，经过之处，欢呼声不断。东北各军政学界要人均齐聚该会，礼堂"设在迪光殿，上陈法座，地铺黄毯，椅披五彩寿字，两傍悬联，文曰'名也利也大乐也，

---

[174] 释东初：《中国佛教近代史》（上册），台湾中华佛教文化馆，1974，第381页。

[175] 南京：《海潮音》14卷第1期，载释东初：《中国佛教近代史》（上册），第381页。

[176] 《申报》1935年2月11日，第3版。

[177] 《申报》1931年4月6日，第4版。

国民会议代表在阅兵台上合影。前排由右至左：九世班禅、蒋介石、宋美龄、于凤至、张学良
1931年《良友》第59期，摄影：黄英、余仲英

福乎寿乎多德乎'"[178]。随后，张学良陪九世班禅到嘉荫堂观看《万寿无疆》《鼎盛春秋》《群英会》等戏曲演出。整个沈阳城"为班禅祝寿，全城并悬旗"[179]，场面十分隆重。

1931年4月11日，九世班禅再次抵达沈阳，迎接九世班禅的有张学良的代表杨正治、蒙藏委员会代表白瑞麟。沈阳总站专设欢迎九世班禅之"喇嘛音乐队"[180]。1933年底，十三世达赖喇嘛圆寂后，九世班禅奉召进京，其在北平的全部招待费用均由国民政府出资。

---

[178] 陈文鑑：《班禅大师东来十五年大事记》（全一册），第11页。

[179] 《班禅演剧祝寿》，《大公报》1930年2月12日，第3版。

[180] 《北洋画报》1931年4月第620期。

国民政府"为优待起见,曾令铁道部转饬平绥、平浦两路特开专车"[181]护送,花费不菲。

在杭州

浙江省政府会议决议,令杭州"市府拨款一万元,为招待班禅费用"[182],并参照北平时轮金刚法会"于会务圆满后,特备七珍八宝及定制银盘银曼札等贡献班禅大师"[183]。

在上海

自杭州主持完时轮金刚法会后,九世班禅来到了阔别十年的上海,"大受中外人士之欢迎,其风头之足,盖近代宗教家所罕见也"[184]。如此花费巨资是"为了汉藏人民的友谊,为了汉藏民族的前途,所以各地的人士,这样热烈地欢迎班禅,这样诚挚地尊敬班禅"[185]。他们表示,"就是再多用几个钱,也不算一回事。因为我们希望班禅大师能够了解我们汉人的诚意"[186]。

地方政府认为,这一系列的招待活动是正当的尊敬班禅的办法。比请大师主持"时轮金刚法会",替亲戚朋友祈求个人的福泽,更有意义。[187]

---

[181] 《国民政府训令第二九九号:班禅专车费二十二年度岁出临时概算一案(1934年5月11日)》,南京:《国民政府公报(训令)》第1435卷,1934,第2页。

[182] 《供给班禅》,《兴华周刊》1934年第31卷第19期,第35页。

[183] 同上。

[184] 合掌:《班禅法力》,《天津商报画刊》1934年第11卷第37期,第1页。

[185] 社评:《我们应当怎样尊敬班禅?》,《一周间》1934年第1卷第2期,第84页。

[186] 同上。

[187] 同上。

1934年5月18日,九世班禅在杭州灵隐寺主坛时轮金刚法会,宣告圆满。上海市市长吴铁城(前排左三)及各界人士恭请九世班禅(前排左四)莅临上海讲经

1934年《良友》第89期,摄影:徐雁影

在天津

1931年7月18日,九世班禅到达天津当夜,市政府在大客厅搭建临时舞台,请九世班禅欣赏津门名伶出演的戏剧,"颇极一时之盛"[188]。

在海拉尔

1931年7月29日10时15分,九世班禅乘专车抵达海拉尔,这是九世班禅宣化路线图中最北的城市,"欢迎极盛"[189]。7月27日,九世班禅经过黑龙江时,除了中国银行成为其驻锡行辕外,还在行辕门及火车站扎有精致彩坊两座,上书"宝筏东来""宣扬教化""归世觉民"等匾额,缀以五色电灯,还特制欢迎标语——"欢迎为国宣

---

[188]《招待班禅》,《大公报》1931年7月19日,第7版。

[189]《班禅昨抵海拉尔》,《大公报》1931年7月30日,第3版。

劳的广慧大师""欢迎领导蒙藏民众拥护党国的广慧大师"[190]。

国民政府为了使九世班禅快速抵达蒙古宣化，协调"政府雇机专送"[191]。1934年8月11日，"班禅带堪布随员及卫队百余人，离平赴绥，英籍喇嘛七人偕行，转往伊盟唪经"[192]。事实上，九世班禅的随从计"一百九十余人"[193]，"班禅大师赴伊盟旅费三万元"[194]。各类费用经中央政治会议讨论，最终全部由国民政府支销。

九世班禅准备自宁夏经青海返藏前，国民政府调派欧亚航空公司的飞机，为九世班禅"包飞机两架，使用两月，在班动身前，即往宁夏备用"[195]，由此可见政府对其的优渥。

（五）竭尽所能为九世班禅树立威信

1933年2月8日，蒋介石电嘱戴季陶代办送九世班禅赆仪式及购礼物等相关事宜。电文[196]如下：

戴院长勋鉴：

班禅何日启程，请为弟代送其赆仪式万元及礼物费约洋一万元左右。应送何物请兄为弟代办。款可向军需署领取也。

中正叩

并电告军需署朱署即发戴院长

---

[190]《班禅过黑》，《大公报》1931年7月31日，第5版。

[191]《国民政府训令第八〇二号（1934年11月3日）》，南京：《国民政府公报（训令）》第1583卷，1934年，第2页。

[192]《时事日志》，《东方杂志》1934年9月31卷第18号，第95页。

[193]《国民政府训令第七九七号（1934年11月2日）》，南京：《国民政府公报（训令）》第1581卷，1934年11月3日，第4页。

[194]《国民政府训令第八〇八号（1934年11月5日）》，南京：《国民政府公报（训令）》第1584卷，1934年11月7日，第2页。

[195]《申报》1935年4月15日，第3版。

[196] 国民政府档案 002-010200-00017-004。

这一天，蒋介石极其忙碌，依然将九世班禅返藏之事记挂心上。由于当时正处于日军侵华之际，各方费用支出需要严格的程序，蒋介石在此件上写着一个大大的"急"字。此外，他还担心费用流转速度慢，专门要求从军需署领取。军需署是战时机构，往来均为重要军事物资和钱财，可见其对此事的重视程度。为了将此事办好，他在急件旁特别批注"电告军需署朱署即发戴院长"字样。

（六）媒体映射出的九世班禅形象

1931年5月，九世班禅首次到南京后，就作出定期宴请新闻界媒体人的决定，向新闻界通报其来京经过。媒体从不同角度聚焦九世班禅及其团队的一切新闻元素，给读者带来了耳目一新的消息。与之相对应的是，在欢迎九世班禅首次莅临首都的欢迎人群中，有两人引人注目，一位是被割鼻之人，一位是被砍臂之人，两人的真实身份是"被前藏达赖劓鼻断臂之班禅代表"[197]，媒体点评"可见两教派之仇视"[198]。

媒体千方百计留下的影像记录，使我们在几十年后原汁原味地看到了时轮金刚法会的场景——坛城全景、复杂供器及高高悬挂的法轮唐卡布局，还有九世班禅"授与听经者之藏草（据云以此草置枕边即可梦佛）"[199]。通过当时最先进的照片媒介传播加以多角度的聚焦，九世班禅在内地民众中的形象呼之欲出：无论是国际摄影社拍摄的九世班禅双手后背走出南京车站，西康代表在车站身穿藏族服装迎接九世班禅的瞬间，还是上海市市长吴铁城率领万余民众迎接九世班禅的场景，还是"西陲宣化使班禅大师赴内蒙宣慰，在

---

[197] 《东西南北时事拾零》，《良友》1931年第16期，第14页。

[198] 同上。

[199] 索仁甫：《班禅在时轮金刚法会授与听经者之藏草》，《北洋画报》1932年10月第849期，第2页。

《慈航画报》专门出刊"时轮金刚法会专号",详载九世班禅在时轮金刚法会上加持西藏草的缘由
1934年5月9日《慈航画报》第44期第1版

延福寺为各地蒙人求祝福"[200]的图片,还是其端坐法坛上的仰角照片,这些图片中九世班禅形象使内地民众不仅增加了对他的好感与尊崇,更对藏传佛教有了全新的感知。

九世班禅还与媒体近距离接触,增进彼此了解,回应社会关切,诚心实意地感谢记者们的辛勤采访。

1931年4月13日,九世班禅离开沈阳前往天津前,就专门邀请媒体记者到其所居住的沈阳黄寺话别,并称"全赖报界为之鼓吹,故深盼国内舆论界为其后盾"[201]。记者对九世班禅有四点突出印象:

一是,"班禅久居内地,思想开通,对于报界,尤知推重"[202];

二是,"班禅迎于室门,余等行鞠躬礼,班禅亦如之,若在彼教,

---

[200] 《北洋画报》1935年4月第1232期。

[201] 王小隐:《记班禅额尔德尼》,《北洋画报》1931年5月第622期,第2页。

[202] 同上。

则跪拜必不可免也"[203]；三是，"既见班禅，方欲递晋哈达，班禅即先取哈达递给余等手中，然后受余等之所递，闻此为最敬之礼"[204]；四是，班禅"足登黄皮鞋，精神奕奕，觉来飘逸，一望而知深有涵养者"[205]。

有记者观察非常仔细，其眼中的九世班禅"甚能言，每作语，顿滔滔不绝，久而始止，盖胸有成竹"[206]。该记者还透露出一个信息，那就是九世班禅具有讲汉语的能力："佛爷本解中土语，特以习之未善，故不言耳。"[207]

九世班禅能讲汉语的例证还有，"班禅在本部已久，识汉语甚多，往往不待译毕已发言"[208]。

记者还透露九世班禅专职翻译丁科长其实也是藏族，"操川语，甚流利，词尤能达意"[209]，也被称为"丁堪布"，庄泽宣于1935年在青海塔尔寺与丁堪布交往时注意到他的装束，"丁君着满清时代之骑装，仍戴翎顶（似系红顶）"[210]。

在紫禁城太和殿启建法会圆满之际，九世班禅亲自邀请报界记者座谈，并"对新闻记者谈，宗教与政治，欲求发展，必须二者并进"[211]的理念，引发记者的强烈认同。

1934年5月22日，九世班禅由杭州到达上海，这是九世班禅自

---

[203] 王小隐：《记班禅额尔德尼》，《北洋画报》1931年5月第622期，第2页。

[204] 同上。

[205] 《班禅谈片》，天津《益世报》1931年5月1日。

[206] 王小隐：《记班禅额尔德尼》，《北洋画报》1931年5月第622期，第2页。

[207] 同上。

[208] 庄泽宣：《西北视察记》，1936，第108页。

[209] 王小隐：《记班禅额尔德尼》，《北洋画报》1931年5月第622期，第2页。

[210] 庄泽宣：《西北视察记》，第107-108页。

[211] 陈文鑑：《班禅大师东来十五年大事记》（全一册），第20页。

1934年6月6日，九世班禅应邀考察了停靠在上海的英国军舰"三明治"号
1934年6月7日英文《华北新闻日报》第1版，摄影：N.C.D.N

1925年到过上海之后的第二次莅临。他首先招待闻讯而来的各报社记者，并发表谈话：

> 本人离藏已久，自达赖圆寂，藏政主持无人，故颇思返藏，而本人前派代表安钦等赴藏，现已返京，深知藏民颇望本人早日返藏而各方函电联系者尤众，故晋京向中央请示后，即返藏主政。[212]

此外，九世班禅在接受美国纽约远东新闻社记者代表许利采访时说："吾时思返藏，曾派代表前往，余系中委，须请示中央，故入藏期须经数处接洽后，始能决定。"[213] 当记者问及九世班禅返藏主政之后，中央与西藏关系将会怎样？九世班禅回答道：我"曾在京

---

[212]《班禅抵沪发表谈话》，天津《益世报》1934年5月25日，第3版。
[213]《班禅接见美记者》，《康藏前锋》1934年第6卷第9期，第60页。

平沪杭等地驻锡,对各地之建设事业,亦能得其大略,此次返藏,当努力于各项建设工作"[214],"更当使五族真正达于一家,实行五族大团结"[215]。

始终以藏传佛教为纽带护国利民

南京国民政府对九世班禅的尊崇与厚爱,让九世班禅深受感动,他以宗教为纽带,不断奔走全国各地,不仅使蒙藏边疆人民心悦诚服,也使内地人民对西藏的了解和藏族人民对中央的归属感产生了不可替代的正向力。

九世班禅看到英国对西藏地方的挑拨,为维护国家领土的完整,即与时在内地的诺那呼图克图深度合作,以"保全领土及佛教"[216]。

1931年5月10日,新亚细亚学会在南京召开成立大会,"锐志于边疆民族文化之振兴"[217]的国民党元老级人物——考试院院长戴季陶亲临大会,除明确提出学会成立的意义是"复兴中国民族,发扬亚洲文化之目的"[218]外,还请来了一位特殊的嘉宾——九世班禅。作为宗教领袖,九世班禅有生以来第一次走进学者中间,他看到了新亚细亚学会的"五不准规"[219]:

一、不准攻击任何个人。

---

[214] 《班禅抵沪发表谈话》,天津《益世报》1934年5月25日,第3版。

[215] 《班禅大师对沪报界谈话》,《蒙藏月报》1934年第1卷第3期,第32页。

[216] 《班禅诺那会面有期》,南京:《海潮音》1930年第10卷第12期,第26页。

[217] 陈天锡:《戴季陶先生的生平》,台湾商务印书馆,1968,第66页。

[218] 陈天锡:《戴季陶先生编年传记》(上卷),台湾中华丛书委员会,1958,第76页。

[219] 戴季陶:《新亚细亚学会纲领》(1933年12月15日),载陈天锡:《戴季陶先生文存·学艺部门》(卷三),台湾文物供应社,1959,第930-931页。

二、不准反对任何宗教。

三、不准发表有伤各民族道德感情之一切文字及图画。

四、不准发表一切以挑拨人类之残酷性及破坏民族道德社会风纪为目的之文学作品。

五、不准以学会之名义，参与为选举竞争宗教竞争之机关。

随后，他第一次以藏传佛教宗教领袖的身份庄严地开始其《西藏是中国的领土》主旨演讲。在详述西藏历史后，他话锋一转，强调西藏是中国的领土，如被帝国主义者侵略，则无异于自己的门户被人拆毁，不免有唇亡齿寒之忧。他提醒在座各位思考：如何使蒙藏地方与全国各民族团结一致？他认为，"须先做许多工夫，上自中央政府，下至全国国民，一致努力，我们救人救国家救世界，都应以慈悲诚笃为出发点，在席诸君都有高深的学问和宏富经验，希望领导国民努力作团结御侮的两项运动以完成国民革命"[220]。

讲话引起在场聆听者的极大震动。

作为藏传佛教格鲁派的最高领袖之一，九世班禅有理有据地从西藏的历史说到当下的现实，并希望学者能够运用自己的智慧启蒙民众、引领民众抵抗帝国主义者的侵略。

九世班禅在新亚细亚学会的公开演讲和广泛传播，使其与中央政府的关系更加密切。演讲之后，他于6月为《新亚细亚》杂志写了充满辩证精神的题词："民众之强弱，在乎自觉之先后；国土之存亡，在乎发达之迟速。而其键则在乎笔与舌，智者导之，愚者利焉，知几其神，君子哉。"[221] 一位宗教领袖，如此仰重学术团体，这在班禅世系中是前无古人的，可以看出九世班禅正竭力与现代社会相适应，阐扬人间佛教，与时代共进退。

此次大会，他与蒋介石、戴季陶、章嘉呼图克图一同当选为新亚细亚学会董事长。

---

[220]　刘家驹：《班禅大师全集》，第124-125页。

[221]　《班禅大师之题词》，南京：《新亚细亚》1931年第2卷第5期，第18页。

第七章 以特殊影响聚民心——"九一八事变"后九世班禅致力修建护国法会

以国民政府委员、考试院院长戴季陶为代表的一批高级官员致力于佛教与政治的有机结合,以证明佛法不是消极厌世,而是积极入世,救佛教即是救国。[222] 国民政府的这一思路与九世班禅的想法不谋而合。于是,各种护国法会,以诵经说法为弘法利生的方式,在九世班禅的全力支持与切身实践中,取得了特殊的社会效益。

1932年10月20日,九世班禅在北平招待新闻界时着重讲述了政治与宗教的关系,他发表了三点看法:

一、"本人自离藏东来,已历十载,在此十年中,蒙中央优待,及各地民众欢迎,甚为感激,由此足征五族团结之意识,已臻一致。"[223] 二、"已将中央意旨,向人民宣达,现在工作的原则,拟以宗教力量协助政治发展。"[224] 三、"汽车,既须要机器好,又要马路平,两样皆好,能达敏捷之目的。民众方面,如不能深切了解,则犹之马路未平,不能通行迅速。本人现正作培修马路工作,将中央意旨尽量宣展。"[225]

九世班禅以宗教力量助力政治发展的这次特别演讲,引起社会广泛关注。

在内地宣化十数年的九世班禅"与汉、蒙古等民族的佛教界人士有密切交往,对促进各民族间宗教和文化的交流也起过重要作

---

[222] 庄宏谊:《戴季陶与佛教》,台湾《中国佛教》1985年7月第29卷第7期,第10页。

[223] 刘家驹:《班禅大师全集》,第130页。

[224] 同上。

[225] 同上。

用"[226]。

1934年6月3日，上海市各团体联合为九世班禅在上海市政府广场举行了规模空前的欢迎大会，现场"群贤毕至，宾主咸欢，车水马龙，一番盛况，有非言可述者"[227]，九世班禅正式出场并通过扩音器发表《蒙藏为中国重要国防》的演讲，他的讲话态度鲜明：

> 蒙古和西藏是中国西北最前线的国防……班禅为恢复汉藏感情，不辞劳苦，东驰西奔，迄今十有一年，期于五族早日团结……政府对余亦可谓仁至义尽，初则授以护国宣化广慧大师名号，继则特任西陲宣化使，近又选任国府委员，这都是五族平等维护宗教的表现。[228]

据说30万人在会场聆听九世班禅的讲演。在如此空前宏大的会场，九世班禅基于事实的表态，一方面令中央政府十分满意，另一方面也使内地民众清楚地了解了内地与西藏不可分割的历史关系。

此前的5月28日，在谈到西藏地方与中央政府的历史时，九世班禅认为"五族共和，无高下远近之分，而为一家……唇齿相关，辅车相依，其关系之密切，不可言喻"[229]。一代国学大师林语堂认为："一九三三年至一九三四年，西藏班禅喇嘛广布圣水，受布者光是在北平南京两处已达数万人，其中包括政府大员如段祺瑞、戴季陶辈。而且庄严地受中央政府以及上海、杭州、南京、广州各市政府之隆重款待。"[230]

国民政府对九世班禅在内地活动的大力支持使其名声大震。"通过流亡的喇嘛、密宗仪式和国家支持的活动，西藏在内地呈现

---

[226] 陈庆英：《九世班禅额尔德尼驻锡塔尔寺记事碑译事》，《西北民族研究》1988年第1期，第253页。

[227] 陈文鑑：《班禅大师东来十五年大事记》(全一册)，第45页。

[228] 刘家驹：《班禅大师全集》，第151-153页。

[229] 同上书，第150-151页。

[230] 林语堂：《吾国与吾民》，长沙：湖南文艺出版社，2012，第105页。

出的乃是一个和现代中华民族——国家整合在一起的西藏。二十世纪中期藏传佛教徒对中国世俗和政治文化的参与得到广泛宣扬,这种参与牢固地把中华民国这个'想象共同体'奠基于不可否认的坚实事件中。"[231]

自1931年日本侵略中国东北以来,九世班禅先后主持一系列重大法会。

仁王护国法会:共立民族同心之愿

1931年,"九一八"事变,国难当头,忧患日深。九世班禅在南京等地成立"康藏旅京同乡抗日救国会""康藏民众抗敌赴难宣传团",藉此平台动员抗日救国力量。救国会在《告全国同胞书》中说:"同人等籍隶康藏,万里来京,大义所在,不敢后死。爰成立抗日救国会,以与我全国同胞同立一条战线,赴汤蹈火,在所不辞。除另电我六百万康藏父老兄弟姊妹……宁为刀下之鬼,不作亡国之奴。"[232] 面对全国藏族同胞表达自己真挚的爱国热情和誓死抗战的决心,体现出了一种强大的精神力量。这对于推动和促进前线军民团结抗战起到了不可低估的作用。[233]

一个多月后的11月16日,九世班禅旋即受邀主持仁王护国法会,仁王为佛之尊称,同时请南京宝华山隆昌寺"全体比丘百人修建"[234]。这是九世班禅第一次以宗教领袖的身份在首都与广大信众公开见面。

这次庄严法会的参加者有戴季陶及其妻子钮有恒、司法院院长居正、监察院院长于右任等,国民政府五大院中有三个院长出席本

---

[231] 滕华睿:《建构现代中国的藏传佛教徒》,陈波译,香港:香港大学出版社,2012,第149页。

[232] 喜饶尼玛:《近代藏事研究》,第202页。

[233] 同上书,第209页。

[234] 陈天锡:《戴季陶先生的生平》,第318页。

次法会。[235] 此次法会，无论是官方的重视程度还是民间的参与规模以及时间长度均在民国史上堪称史无前例——"不独为期最长，诵经人数亦最多"[236]，截至1932年1月下旬，"为期百日圆满"[237]。这次法会使内地民众"对藏传佛教的兴趣发生爆炸性增长"[238]。法会结束后，国民政府特意将此发愿文寄给九世班禅十册，尊其"金口一音，强于凡夫万众之演说"[239]，并拟将此发愿文翻译成蒙文和藏文，"广宣于边地同胞，则为助于宣化者，当亦非小"[240]。

在法会结束近一年后，国民政府委托北上的班禅驻京办事处处长罗桑带去数册发愿文，然后"复印成千数"[241]，"广劝五族同胞，共立同心之愿"[242]。不久，国民政府第三次托人捎去此发愿文2000册[243]，可见政府高层对此发愿文的极度重视。九世班禅在随后主持的法会中，继续强调发愿文的主要内容，具体有"信仰坚固，确实信行忠孝仁爱信义和平八德，相待以诚，相接以礼，表里如一，心口相应，团结一致，永远不渝"；"刻苦自励，克勤克俭，富者济人以财，智者济人以道，财不令藏于地，学不令私于身"；"进德修业，坚其意志，强其身体，修其言行，广其智识，力矫浮佻之时弊，作真实之功夫，养成耐劳苦守纪律之性行"；"在官者廉洁奉公，营业者诚实任事"；

---

[235] Gregory Adam Scott, "The Buddhist Nationalism of Dai Jitao," *Journal Religions*, Vol. 39, No. 1(2011), p. 71

[236] 陈天锡：《戴季陶先生的生平》，第318页。

[237] 同上。

[238] 滕华睿：《建构现代中国的藏传佛教徒》，陈波译，第101页。

[239] 戴季陶：《致班禅大师书》（1932年8月24日），载释东初：《戴季陶先生佛学论集》（全一册），台北：台湾佛教文化馆，1972，第157页。

[240] 同上。

[241] 戴季陶：《致班禅大师书》（1932年10月3日），载释东初：《戴季陶先生佛学论集》（全一册），第159页。

[242] 同上。

[243] 戴季陶：《致班禅大师书》（1932年10月19日），载陈天锡：《戴季陶先生文存·佛学部门类》（卷三），第1220页。

"上承先德，下启后人"；"愿世界各国政府人民……同弃凌暴之心，扶持弱小之民族……厚往薄来，协和共济"；"善用世间之科学，则法器悉为轮宝"[244]等。九世班禅以宗教领袖的身份，入脑入心地抚慰处于惨烈战争状态下的国人，使民众得到心灵的慰藉。

法会的成功举办影响较大。有学者认为，它使"西藏的班禅逐渐恢复他的前世在清帝国朝廷中所扮演的宗教国师的角色，班禅的权力和声望迅速在全国得到公认"[245]。由此，九世班禅更好地理解了国民政府的对藏政策，展示其在国难当头之际，始终以救国立命，以救教立心，站在国家立场安抚民众，对国家的认同已成为一种自觉，"很多人亲眼见证他承认中国对西藏的主权"[246]。

1937年"七七事变"后，国民政府在南京宝华山修建仁王护国法会百日时，正在返藏路上的九世班禅立即在青海玉树驻锡地积极响应并"连日祈祷"[247]，祈祷国家抗战取得胜利。

时轮金刚法会：为国家民族前途祈祷

时轮金刚是藏传佛教格鲁派（因该派僧侣均身穿黄色僧袍，亦称之为黄教）密宗无上瑜伽五大金刚之一，九世班禅是藏传佛教格鲁派最高级僧侣，其在内地所修建的时轮金刚法会，主题均聚焦"祈祷世界和平，祝国民之康乐"[248]。他在修建时轮金刚法会时，对宗教与科学作出阐释："提倡科学，而科学即建在因果律上，必

---

[244] 戴季陶：《仁王护国法会发愿文》，载陈天锡：《戴季陶先生文存·佛学部门类》（卷三），第1176-1178页。

[245] Gregory Adam Scott, "The Buddhist Nationalism of Dai Jitao," *Journal Religions*, Vol. 39, No. 1(2011), p. 72

[246] 滕华睿：《建构现代中国的藏传佛教徒》，陈波译，第171页。

[247] 戴季陶：《玉树班禅大师慈鉴》（1937年8月21日），载陈天锡：《戴季陶先生文存》之续编《简牍部门》，台北："中国国民党中央委员会党史史料编纂委员会"，1967，第309页。

[248] 释东初：《中国佛教近代史》（上册），第382页。

明即空而假说，乃非迷信。故若怀救国济世之愿，即应于时轮坛中，虔诚顶祝。"[249]

  1928年是"戒律谨严、专修密法"[250]的九世班禅到内地的第五个年头，九世班禅继续在内蒙古启建时轮金刚法会以祈祷昇平。第一次时轮金刚法会的施主是达尔罕旗亲王杨桑巧，启建地点在东盟杨王庙，法会用时约一个月时间，功果圆满，参与人数达17万人，为九次时轮金刚法会中人数最多的一次。7月，九世班禅在内蒙古东盟扎萨图阿布寺第二次启建时轮金刚法会。法会的施主是东盟十旗王公。此时，九世班禅内心其实是伤感的。他已得知日本关东军预埋炸药于6月4日将乘坐火车的张作霖炸成重伤致死，史称"皇姑屯事件"。张作霖之子张学良特邀已熟识的九世班禅为父诵经超荐。九世班禅在结束这场八万四千多人参加的时轮金刚法会后，即偕20余名僧侣驰往沈阳，为故友张作霖"一了缘愿"[251]。

  1929年，九世班禅在内蒙古锡林郭勒盟贝子庙启建第三次时轮金刚法会。7万多人参加的法会结束后，"张学良派李少白率汽车十五辆到贝勒庙欢迎大师"[252]，可见张学良对九世班禅的尊崇。九世班禅所到之处，"人马喧嚣，旌旗与飞尘遮蔽日空，真极一时之盛"[253]，其在蒙古信众中的影响令人叹为观止。

  法会的巨大成功给了九世班禅充足的信心，坚定了其将法会办成为国为教服务平台的决心。"九一八事变"后，中华民族面临着历史上未曾有过的严重国难。在众多佛教信众的支持下，九世班禅先后五次以时轮金刚法会为救国方式，在绥远、北平、杭州、西宁、夏河五地修建妙德时轮金刚法会，均取得巨大成功。

  1932年10月9日，九世班禅在北平"以香巴拉净土及其为世

---

[249] 释东初：《中国佛教近代史》（上册），第383页。

[250] 同上书，第382页。

[251] 陈文鑑：《班禅大师东来十五年大事记》（全一册），第9页。

[252] 同上书，第10页。

[253] 同上书，第9页。

北京紫禁城太和殿为九世班禅举行10万人参加的时轮金刚法会，张学良、段祺瑞等社会名流均在此次法会接受灌顶
1932年《时代》第3卷第6期，摄影：魏守忠

间带来和平的国王为中心"[254]主题，在"雍和宫太和殿修建时轮金刚法会"[255]，这是九世班禅在内地启建的第六次时轮金刚法会，"京中各界人士无不推崇备至"[256]，"（班禅）祈祷和平，中央及张学良各助二万"[257]经费。

紫禁城午门、紫禁城东华门、紫禁城西华门，"三门均高搭彩牌楼"[258]以迎九世班禅。清晨六点半，天刚蒙蒙亮，应北平各佛教团体的邀请，并在段祺瑞、吴佩孚、张学良、孙传芳、曹汝霖等军政要人、在野名流、蒙古王公等操办下，九世班禅自中南海首次莅临

---

[254] Gregory Adam Scott, "The Buddhist Nationalism of Dai Jitao," *Journal Religions*, Vol. 39, No. 1(2011), p. 69

[255] 释东初：《中国佛教近代史》（上册），第382页。

[256] 同上。

[257] 《时事日志》，《东方杂志》1932年第29卷第5号，第54页。

[258] 《申报》1932年10月25日，第7版。

北平故宫太和殿广场，主持其人生中规模最大、场面最为庄严的时轮金刚法会，只见"殿前正中设法坛，高约一丈，台上张红绸伞盖，法台裹以黄缎，台上置法器，台畔有木梯，台左为蒙古王公席及军政长官席，台右为外国来宾席"[259]，"班禅大师佛座殿中心以黄绳围绕划为一区，禁人入内，左方为祭品、果品、米、糖罗列满案，右方为坛城，城形八角为黄绸所制，城上悬锦绣之幡，城中心一亭亦为黄红相间之色，城畔八方，设佛案八只，案上置铜盘油灯十余盏，并有壶、瓶法器等物"[260]。这场以"为国家消灾祈福"[261]暨"祈祷和平"[262]为主题的法会由九世班禅亲授"无上时轮金刚法会正式灌顶"[263]，平均每日听众超过7万人，最多的一次有10万人到场聆听，"诚为平市空前盛会"[264]。这是九世班禅第六次主持时轮金刚法会，也是在北平唯一一次主持时轮金刚法会，更是"九一八事变"后第二次主持时轮金刚法会。

法会现场，九世班禅"衣黄色法衣，左肩披红色偏衫，裸右臂，手持铜铃，盘膝坐禅"[265]，班禅手捧粉色经卷开始讲经。讲经告一段落后，听众向九世班禅敬献哈达，"一时黄蓝两色绸巾堆高数尺"[266]，他身边之人向众人"散布藏红花圣水及五色米花"[267]。

举行灌顶典礼时，其徒"以铜杯圣油，向众顶上颚下点油"[268]，

---

[259]　《申报》1932年10月25日，第7版。

[260]　同上。

[261]　陈文鑑：《班禅大师东来十五年大事记》(全一册)，第20页。

[262]　《申报》1932年10月10日，第12版。

[263]　陈文鑑：《班禅大师东来十五年大事记》(全一册)，第19页。

[264]　《申报》1932年10月25日，第7版。

[265]　同上。

[266]　同上。

[267]　同上。

[268]　同上。

九世班禅亲自对在场的"军政要人灌顶"[269]，"首先受礼者为张学良，次为段祺瑞"[270]。

在昔日象征至高无上权力的紫禁城太和殿前"开中土未有之创举"[271]的法会，有评论认为，"有助于重新构建喇嘛们在帝国中扮演的护持国政的形象，也有助于塑造喇嘛们以深奥的教义为基础的法力光环"[272]。

由九世班禅主持的时轮金刚法会还在南京、杭州等地隆重举行。

1934年4月26日中午，九世班禅圆满完成在十三世达赖喇嘛追荐法会上的使命后，应"江浙净士及南北各省向慕宗风者之请，建时轮金刚法会"[273]于杭州。"经常与班禅大师接触，互相赞仰"[274]的中国汉传佛教首领太虚，"为团结汉藏佛教，大师亦抵杭州参加时轮金刚法会，并随喜从班禅大师受金刚阿阇黎灌顶，执弟子礼"[275]。"太虚接受班禅的灌顶"[276]，是中国近代佛教史上的重大事件。这一事件使九世班禅在内地的宗教影响力达到巅峰状态。

九世班禅在杭州灵隐寺主持的这场法会是"千载一时之盛会，四方民众所归依，决定圆满顺利"[277]。28日启建7万人参加的时

---

[269]《申报》1932年10月25日，第7版。

[270] 同上。

[271] 陈文鑑：《班禅大师东来十五年大事记》（全一册），第20页。

[272] Gregory Adam Scott, "The Buddhist Nationalism of Dai Jitao," *Journal Religions*, Vol. 39, No. 1(2011), p. 69

[273] 戴季陶：《护国宣化广慧圆觉大师颂》，载释东初：《戴季陶先生佛学论集》（全一册），第82页。

[274] 释东初：《中国佛教近代史》（上册），第383页。

[275] 同上。

[276] 梅静轩：《民国早期显密佛教冲突的探讨》，台湾《中华佛学研究》1999年第3期，第256页。

[277] 戴季陶：《致林璧予部长电》（1934年4月27日），载陈天锡：《戴季陶先生文存》之续编《佛学部门》，台北："中国国民党中央委员会党史史料编纂委员会"，1967，第248页。

时轮金刚法会参会纪念章
1934 年《新生周刊》第 1 卷第 14 期，摄影：启昌

轮金刚法会"主坛诵经"[278]，会场由"军警维持秩序"[279]，"一时善信赴会之盛况，笔难罄述"[280]。

法会开始前，"坛中及左右两旁，已坐无隙地，人人翘首盼望法驾之来"[281]，此时的"大殿内坛，来宾尚稀"[282]，来自上海的风云人物杜月笙已早早在此"蒲团盘坐"[283]，随后杜"以该喇嘛等护于职守，侍法勤劳，爰特散给钞币，各赠若干"[284]。杜月笙此行的另一个工作是陪同上海市市长吴铁城专程莅临杭州欢迎九世班禅赴沪驻锡。

在杭州法会的开幕式上，"法乐宣扬，香花缭绕，大师于万众瞻仰之中，从容升座"[285]，随后，其发表《佛教与总理遗教的平等观》的演讲，强调了四点感受：

一是，"我们细细体察总理的主义与佛法完全相合，恰是一物

[278]《时事日志》，《东方杂志》1934 年 6 月第 31 卷第 11 号，第 79 页。
[279]《入场闻法规则》，载本刊编辑股杭州菩提寺路本会事务所弘扬处：《时轮金刚法会特镌》（第二版），1934。
[280]《班禅大师今日升座为诸善信举行正灌顶仪轨》，载本刊编辑股杭州菩提寺路本会事务所弘扬处：《时轮金刚法会特镌》（第一版），1934。
[281]《会场拾零》，载本刊编辑股杭州菩提寺路本会事务所弘扬处：《时轮金刚法会特镌》（第二版），1934。
[282] 同上。
[283] 同上。
[284] 同上。
[285]《昨参加正灌顶仪轨》，载本刊编辑股杭州菩提寺路本会事务所弘扬处：《时轮金刚法会特镌》（第二版），1934。

的二面,何则? 盖总理主义以解除人民痛苦及利益群众为目的,而佛法亦主张一切平等,与解脱苦难为宗旨"[286];二是,"总理主义中之忠孝仁爱,信义和平的道德,亦即敬重有德,承事父母,展转悲爱,不相恼害,可说没有一点不同的地方"[287];三是,"有学问智识之人,要将自己的学问智识,去帮助无智识学问的人,使大家都得到智慧聪明的利益"[288];四是,"望遵总理遗教及诸佛慈悲的加被,团结五族,服务民国,今后尤望尽其身口意力,为国家人民而服务"[289]。

九世班禅的上述法音及各堪布的诵经之声由播音机传达,直通全国乃至欧美、日本。此外,现场还有当时中国著名的明星影片公司到法会独家摄制影片。

法会功德圆满日,九世班禅再次发表了《发菩提心团结救国》的简短讲话,首先"班禅觉得自己才学有限,并无精深渊博的道理贡献,仅以个人修学的所得,来与大众结缘"[290]。他对诚挚的信众提出三点期望:

一是,作为藏传佛教的高僧,他提醒信众"世界宗教甚多……万不要以一知半解而毁谤他教,望受法者将伟大的佛法,一传十,十传百,百传千,千传万"[291];二是,"彼此精诚团结,努力救国,救多数人的事业,努力个人修养,舍恶从善,以身作则"[292];三是,"以全副力量为世界努力,相信终可达到世界和平目的"[293]。

此次法会,"来会受结缘灌顶者逾万人。远道跋涉而至者,北

---

[286] 刘家驹:《班禅大师全集》,第146-147页。
[287] 同上书,第147页。
[288] 同上书,第148页。
[289] 同上书,第149页。
[290] 同上。
[291] 同上书,第150页。
[292] 同上。
[293] 同上。

1934年4月28日，九世班禅以祈祷和平为宗旨，亲自在杭州灵隐寺主坛时轮金刚法会，并于5月18日送坛城，宣告圆满
1934年《良友》第89期，摄影：徐雁影

逾大漠，南逾岭表，西极流沙……慕道之外，别无所求"[294]，"自始至终，无有喧哗，亦无倦容，虔诚顶礼而来，欢喜赞叹而去"[295]。曾与汪精卫一同前往北京刺杀清廷摄政王载沣的国民政府委员、"素信佛学，尤宗密教"[296]的黄复生参加了结缘灌顶，专门来自上海的杜月笙参加了结缘灌顶……

法会当天，国民政府发来电报，希望"法会平安圆满，便足令康、

---

[294] 戴季陶：《护国宣化广慧圆觉大师颂》，载释东初：《戴季陶先生佛学论集》（全一册），第82页。

[295] 《昨参加正灌顶仪轨》，载本刊编辑股杭州菩提寺路本会事务所弘扬处：《时轮金刚法会特镌》（第二版），1934。

[296] 《国府委员黄复生来杭参与法会》，载本刊编辑股杭州菩提寺路本会事务所弘扬处：《时轮金刚法会特镌》（第二版），1934。

藏、青、蒙万里人民欢乐"[297]，同时也对法会的积极效果作了准确的预估："敬一人而千万人悦，乃古来安国之道。"[298]"忧国忧民与护法卫道之心，随处可以显见"[299]的九世班禅一步步被推上国家宗教舞台的中央，而对于中央政府来讲，"其所以百般殷殷敬礼，则在融和边疆各宗族情感"[300]，以便为"安定大后方，以争取抗战最后胜利"[301]凝聚共识，最终实现巩固边疆、巩固国防的目的。

九世班禅到杭州启建第七次时轮金刚法会并连续主坛二十余日，"每日修法达十余小时，饮水不进一口"[302]，非常辛苦，以致过劳欠安，头痛咳嗽[303]。"说法时，因咳嗽故，略进药片。"[304]国民政府急电九世班禅，"法会为日甚长，务恳节劳养息"[305]，并告其将请"医官同往"[306]为其诊疗，"请安心调摄"[307]。但九世班禅治疗后反而病情加重，于是坚持不再服药。恰逢名医陈存仁到西湖游览，为他煎服大枣汤，由于多日没有进食，其服后深觉味香气馥，"连服数盅后便呼呼入睡，两日后呕泻全止"[308]。"班禅大喜，

---

[297] 戴季陶：《复林璧予部长电》（1934年4月28日），载陈天锡：《戴季陶先生文存》之续编《佛学部门》，第248页。

[298] 同上。

[299] 计晋美：《传记：西藏第九辈班禅事略》，《中国边疆建设集刊》1948年1月，第37页。

[300] 释东初：《中国佛教近代史》（上册），第386页。

[301] 同上。

[302] 《灌顶仪轨意义之重要》，载本刊编辑股杭州菩提寺路本会事务所弘扬处：《时轮金刚法会特镌》（第二版），1934。

[303] 同上。

[304] 同上。

[305] 戴季陶：《杭州朱庄班禅大师慈鉴》（1934年4月28日），载陈天锡：《戴季陶先生文存》之续编《简牍部门》，第302页。

[306] 同上。

[307] 同上。

[308] 《大枣汤治好九世班禅的肠炎》，载常宇、李蔓荻：《中医是本故事书》，北京：化学工业出版社，2009，第231页。

九世班禅在杭州震
旦绸厂参观考察
1934年《礼拜六》
第573期

送了陈存仁几方哈达和几卷佛经"[309]，由此可见各界用心至深。

杭州法会的成功举办被各方予以高度评价："佛门之光，国家之庆。且结此善缘，于西藏将来建设，或不无小补。"[310]

除此而外，九世班禅不计辛劳，在西湖杨公祠行辕驻地为杭州佛学会传法，"赐红绫哈达，广结法缘，大众皆大欢喜"[311]。其间，湖北代表远道而来拜谒九世班禅时，代表该省三千万人敬求大师特别加被，以求人民安乐。[312]九世班禅开示道："各位均系向来努力宏扬佛教之人，还望增上进行。"[313]

---

[309]《大枣汤治好九世班禅的肠炎》，载常宇、李蔓荻：《中医是本故事书》，第231页。

[310] 戴季陶：《上海探班班禅大师慈鉴》（1934年6月9日），载陈天锡：《戴季陶先生文存》之续编《简牍部门》，第303页。

[311]《班禅在杭州西湖杨公祠传法纪要》，《慈航画报》1934年第67-68期，第107页。

[312]《本会代表参谒班禅大师纪略》，《正信周刊》1934年第4卷第1期，第8页。

[313] 同上书，第8-9页。

  1935年9月1日，九世班禅返藏途中在青海西宁塔尔寺主持5万人参加的第八次时轮金刚法会，"四山上下满支帐篷，墙角房上均无隙地"[314]，"人畜寂寞多日之境界又复热闹非常"[315]。九世班禅于清晨五时开始"亲到宗喀巴祖师塔前，虔祷国运昌隆，诸政悉就"[316]，"宣示中央德意，政教情感，甚称辑睦"[317]，不断为灾难深重的国家祈福，"听者莫不为之动容"[318]，法会"会场秩序，数日均极安静，可谓盛举"[319]。

  法会结束后，九世班禅立即"汇来银五千元，托交赈委会代为施给灾民"[320]，可以想见九世班禅爱国爱民之意愿，实乃与国家同呼吸，共命运，心连心。国民政府嘱托赈务委员会立即"去电申谢为盼"[321]，向九世班禅表示衷心的敬谢之意。

  1936年6月13日，在拉卜楞寺五世嘉木样活佛和负责"拉卜楞一切之对外事宜"[322]的保安司令黄正清连续三次恳切迎请下，九世班禅终于同意于返藏途中在甘肃夏河拉卜楞寺讲经院内启建内地人生中的第九场时轮金刚法会，这也是他人生中最后一场时轮金刚法会。

  这场历时五天的法会由嘉木样活佛和保安司令黄正清倾情支

---

[314] 陈文鑑：《班禅大师东来十五年大事记》(全一册)，第61页。

[315] 《班禅已返塔尔寺主持金刚会》，《康藏前锋》1935年第2卷第12期，第55-56页。

[316] 陈文鑑：《班禅大师东来十五年大事记》(全一册)，第62页。

[317] 同上。

[318] 计晋美：《传记：西藏第九辈班禅事略》，《中国边疆建设集刊》1948年1月，第37页。

[319] 陈文鑑：《班禅大师东来十五年大事记》(全一册)，第62页。

[320] 戴季陶：《致赈务委员会许静仁王一亭两先生电》(1935年9月1日)，载陈天锡：《戴季陶先生文存》之续编《佛学部门》，第249页。

[321] 同上。

[322] 俞湘文：《西北游牧藏区之社会调查》，北平：商务印书馆，1946，第411页。

持,"诚允专使率领随员与仪仗队等欢迎大师于甘家滩"[323],包括"拉萨等三大寺代表及随从十数人"[324]等汉、藏、蒙、回共六万余信众到场聆听,"班禅大师授命嘉木样活佛坐于听众之首,意示将弘扬时轮教法的重任传交于他"[325]。

这次法会九世班禅采用的仪式是"西藏仪式,贡献哈达曼"[326],并向在场信众"分散藏文经,及公署所出之宣传月刊"[327]。

九世班禅在返藏之前的最后一场时轮金刚法会上,拳拳报国之心、铮铮为民情怀溢于言表:

"自西藏达赖喇嘛圆寂之后,三藏民众之迎余返藏的电报,有如雪片飞来,且迭派代表前来,个人亦深觉年来奔波之劳,久欲回藏休养,以安藏民之心,藉免中央后顾之忧。""今后由夏河至藏途中,余仍本过去之宗旨,竭诚宣化,以期唤醒边民,拥护中央,实现五大民族真诚团结之地步,藉报中央优遇之德,及内地同胞眷念之意。"[328]

这个谈话与其说是对藏族聚居区百万信众讲的,倒不如说是九世班禅踏上返藏行程前通过这样一场庄重的时轮金刚法会向中央政府表明心愿。

药师七佛法会:祈祷国运隆昌

药师即药师琉璃光如来,又称大医王佛,"救众生之病源,治

---

[323] 陈文鑑:《班禅大师东来十五年大事记》(全一册),第72页。

[324] 同上。

[325] 嘉夏茸:《五世嘉木样传》(藏文),民族出版社,2013;扎扎:《嘉木样呼图克图世系》;罗藏才让:《九世班禅与拉卜楞寺间的史实考究》,《西藏研究》2017年第2期。

[326] 陈文鑑:《班禅大师东来十五年大事记》(全一册),第73页。

[327] 同上。

[328] 刘家驹:《班禅大师全集》,第161页。

无明之痼疾"[329]。为了弘法利生,九世班禅先后举行多次大规模的以药师为主题的法会。

1933年1月14日,南京城东宝华山隆昌寺为二度到京的九世班禅修建"祈祷国运隆昌、护国济民、弘法利生"为主题的药师七佛法会大灌顶,俗称"护国福民宏法利生药师七法大会"。"事前,各种布置,皆极周密,其规模之伟大,实不在北平金刚法会之下。"[330]九世班禅认为这场法会是"甚难稀有的大因缘"[331]。为什么要启建这样一个法会,他明确说道:"此次为何而有此一法会?就法会之名义,便已看得明明白白,是为护国救民,弘法利生而起。"[332]九世班禅在法会上面对"党国要人中尤多虔诚祈佛者"[333],于是提请大家思考两点:一是,"众生之所以遭难,国家社会之所以不安,都是由于众生的天良泯灭,心为魔心,行为魔行,到得恶业因缘成熟,便生大悲惨的恶果"[334];二是,弟子戴季陶发十二大愿,并将他在1931年底发表的《仁王护国法会发愿文》中的十大愿再次纳入,同时在此法会又增加两愿,组成十二大愿,"终身奉之,以为法要"[335]。两条新愿分别为第九条和第十二条,"望大家认真信行为要"[336]。

第九条:"愿全国同胞汉满蒙回藏以及回疆乃至西南诸省山间民族,共存天下为公之大心,同发团结国族之大愿,以三民主义为

---

[329] 林光明、林胜仪:《新编佛学大辞典》,台北:嘉丰出版社,2011,第1462页。

[330] 《班禅大做法会》,《兴华周刊》1933年第30卷第2期,第37页。

[331] 班禅额尔德尼:《敬告华山大众》,南京:《海潮音》1933年第14卷第7期,第1页。

[332] 刘家驹:《班禅大师全集》,第133页。

[333] 《班禅大做法会》,《兴华周刊》1933年第30卷第2期,第37页。

[334] 刘家驹:《班禅大师全集》,第133页。

[335] 戴季陶:《跋药师法会愿文赠谭云山先生书》(1933年12月,待贤馆),载陈天锡:《戴季陶先生文存·佛学部门类》(卷三),第1322页。

[336] 刘家驹:《班禅大师全集》,第136页。

依归,则共信斯立,以忠信笃敬律言行,则互信以固,分多润寡,人人存乎慈悲,截长补短,事事行于方便,同心同德,并育并行,复兴富强安乐之中华,有志竟成,造成尽善尽美之民国,后来居上。"[337]

第十二条:"愿大慈大悲药师世尊,运无缘慈,施无畏法,悯念众生,普垂加被,使人人觉悟,共发至诚,忏既往之夙业,种当来之善果,一切烦恼灾障,消除无余,村城国邑,布满佛号经声,大地河山,尽成琉璃世界,千秋万世,善业昭垂,四海五洲,仁风永被,中华巩固,民国万年,万邦协和,正法永住。"[338]

为实现十二愿,九世班禅倡导信众奉行十二遵行,遵行中包括服务社会、尊重女性、普设医院、广施药品、立法施政、改良刑政、政重民生等现代国家理念,通过宗教的本愿形式令佛教弟子遵行。

戴季陶自谓曰:"此非一人之私言,实为天下之公言。故不敢显个人之名,托之于众人之口。"[339]九世班禅完全同意其发愿文,并讲"诸位的愿文中已阐述甚详细而且广大"[340],在法会即将结束时,九世班禅做了最后强调:"我们佛门信徒人人真心实意的依此修行,我深信不独国难可免,一切天灾人祸全消,中国的富强康乐可期,全国国民的幸福无量。"[341]

值得一提的是,就在此次法会上,国民党元老、考试院院长戴季陶受九世班禅灌顶,法名不空金刚。自此之后,其所著佛学著述,多署名为"不空"。

九世班禅在长期宣化实践中坚信:"必须宗教与政治并行不悖,始能得到完满之收获,在政治不能达到之处,可用宗教力量,予以

---

[337]　陈天锡:《戴季陶先生的生平》,第328页。

[338]　同上。

[339]　陈天锡:《戴季陶先生编年传记》(上卷),第94页。

[340]　刘家驹:《班禅大师全集》,第136页。

[341]　同上。

宣化,使其深知拥护中央及各地长官,使中国统一,早日实现。"[342]

国民政府深知"宗教在中国占甚大地位,边疆更甚"[343]的国情,认为对政治与宗教须同步发展予以深入研究,而九世班禅冀以宗教之力,振导人心,宣扬五族一家,维护国家统一,共抵日本之侵略,实为与中央政府共进退的重要支点。

---

[342] 班禅额尔德尼:《团结五族必须政教兼施》,《西陲宣化使公署月刊》1935年创刊号,第2页。

[343] 戴季陶:《中国之宗教改革与救国事业》,载《太虚大师暨戴季陶居士护国卫教言论选集》,台北:台湾佛教居士会,1979,第489页。

第八章　蒙藏甘青未遑宁——在"固民心、促内向"的宣化中缘聚共识

南京国民政府成立前，九世班禅在内蒙古就已声名远播。他竭尽忠诚、宣扬德意、盼边陲康乐等一系列爱国行动始终为国民政府所瞩目。确切地讲，在国民政府如何维护国家统一、如何维护领土完整这个层面，对九世班禅不仅有宗教上的期许，更有政治上的期待。

处于战争状态下的内蒙古、青海等边疆地区广大民众，在坚决抵御外蒙古和日本的军事侵略时，通过九世班禅的宣化得到精神上的抚慰。

德王倾心"自治"　拒纳忠言

1931年冬，国民政府拟颁布《蒙古各盟部旗组织法》，希望以法律的形式限制拟建立自治政府的蒙古王公，结果遭到以德穆楚克栋鲁普（简称德王）为首的蒙古王公的坚决反对。其间，九世班禅按照中央宣化方针，竭力从中斡旋。德王曾回忆道："由班禅出名宴请我们，堪布们代表班禅陪同我们聚餐，并劝我们合作。"[344]

在距离北平紫禁城东北角不到500米远的嵩祝寺里，德王正式拒绝了远在贝子庙讲经的九世班禅对其进行的接受国民政府制定的《蒙古各盟部旗组织法》的劝说，自此双方裂隙渐开。即便如此，九世班禅的宗教活动未受影响，因为他"深受各旗王公的顶礼，并

---

[344] 德穆楚克栋鲁普：《抗战前我勾结日寇的罪恶活动》，载中国人民政治协商会议全国委员会文史资料研究委员会编《文史资料选辑（内部发行）》第六十三辑，北京：中华书局，1979，第8页。

九世班禅在内蒙古参观赛马大会
1931年《良友》第64期，摄影：郭竹书

为长期供养"[345]。在其前往内蒙之前，各旗王公即已筹措到位"五十万筑班禅庙，希望其久驻"[346]，最终决定"在苏尼特右旗给他修建了一所大寺。这是二十世纪中，蒙古人为西藏佛教领袖所修建的唯一的大寺"[347]。

九世班禅拥有大量蒙古族信众，即使是彪悍残忍的草原土匪也都不敢劫掠妄动，如由百灵庙运往定远的两千驮公物，在运送途中遭遇数百名匪徒，当"声明系佛座公物，匪即放行"[348]，这是其他政治人物无可比拟的。

1933年2月4日，正式就任西陲宣化使之职的九世班禅向国民政府"请示宣化方针"[349]后，于7日离开南京"前往蒙疆宣化"[350]。2月12日，九世班禅马不停蹄离开北平前往绥远，"将转往内蒙百灵庙"[351]德王的控制区域。

---

[345] 札奇斯钦：《蒙古与西藏历史关系之研究》，台北：正中书局，1978，第753页。

[346] 《内蒙迎班禅五十万筑班禅庙希望其久驻》，《绥远蒙文半月刊》1931年第40期，第3-4页。

[347] 札奇斯钦：《蒙古与西藏历史关系之研究》，第753页。

[348] 《班禅公物》，天津《益世报》1935年2月2日，第2版。

[349] 《时事日志》，《东方杂志》1933年3月第30卷第5号，第70页。

[350] 《政治方面》，载陈天锡：《迟庄回忆录》（第二编），台湾商务印书馆，1970，第58页。

[351] 《时事日志》，《东方杂志》1933年3月第30卷第6号，第60页。

绥远各界欢迎九世班禅
1935 年《西陲宣化使公署月刊》第 1 期

　　当九世班禅应五当召六世洞阔尔活佛、五世甘珠尔瓦活佛的邀请自百灵庙到五当召后,各地王公、贵族、信众不断到此朝拜,"(九世)班禅还为喇嘛洞召(广化寺)、鄂尔多斯的达拉特旗寺院送来的活佛转世灵童名单进行选定。被选定的喇嘛洞召的小活佛 2005 年已 70 多岁,另一名小活佛名伊西巴拉吉,现已 80 余岁,仍住在五当召"[352]。国民政府密切注意九世班禅的宣化路径,并对九世班禅去电提醒:"倭寇益深,国难日重,北地国防,至关急要,还祈多方宣化,以固民心。"[353] 电文核心内容是希望九世班禅在内蒙古尽可能扩大安抚民心的范围。随着九世班禅宣抚范围的扩大,加之路透社报道九世班禅"在内蒙古向当地各王公并民众劝导协力抗

---

[352] 王磊义、姚桂轩、郭建中:《藏传佛教寺院美岱召五当召调查与研究》(上),北京:中国藏学出版社,2009,第 135 页。

[353] 戴季陶:《广慧大师班禅慧鉴》(1933 年 3 月 18 日),载陈天锡:《戴季陶先生文存》之续编《简牍部门》,第 300 页。

日,现已决定如日人来犯,当誓守国土"[354]的言论,引起了外蒙古及日本的高度警惕。他们极欲设法铲除九世班禅,九世班禅的宣化活动骤然面临生死考验。

躲过一场劫杀

"九一八事变"发生时,九世班禅正在离外蒙古极近的海拉尔宣化,大批身在外蒙古的卡尔梅克人、布里亚特人因为九世班禅的声望而涌入内蒙古参加法会,尤其一些"外蒙人民不忘祖国,多思内附,最近泣涕来归者八百人,政府宜有以统驭而藉慰"[355]。九世班禅在法会上公开"提议宣化外蒙,服从中央之主张"[356],引起"蒙古青年党"的不安,他们决定除掉九世班禅,暗中计划实施两套方案:

第一套方案是"计划议劫取大师以除祸害"[357],并决定在九世班禅莅临呼伦贝尔"甘珠庙唪经"[358]时动手,国民政府情报机关截获的情报显示他们相约暗杀九世班禅的行动信号是"一部分人鸣枪,一部分人纵火"[359];第二套方案是派出蒙古人设法在海拉尔将九世班禅劫持并"带往外蒙"[360]。

上述两套方案被国民政府有关方面侦获,九世班禅卫队以外松内紧的方案布置了多重有效保护圈,实施精兵人墙保护、牵引式引导放流等安保举措,确保九世班禅的绝对安全。

随着时局的变化,自四省沦陷后,北方人心惶惑,内蒙古东部首当其冲。为能有效迷惑九世班禅,日本于1933年先后派出三批

---

[354]《班禅喇嘛抗日祈祷》,南京:《海潮音》1933年第14卷第5期,第2页。
[355]《申报》1932年4月4日,第6版。
[356] 陈文鑑:《班禅大师东来十五年大事记》(全一册),第14页。
[357] 同上。
[358] 同上。
[359] 同上。
[360] 同上。

九世班禅乘专列抵达内蒙古包头，绥远省主席傅作义亲往车站迎接
1934年《新生周刊》第1卷第31期

僧俗人士拜谒九世班禅，如1933年1月19日，"东洋僧伽本格弄从绥远来百灵庙致敬，并购大藏经一部，以便在东洋宏法"[361]；2月9日，"日本人田中清纯，以中日密教研究会代理总裁的名义，前来谒见"[362]；7月12日，"日本人铁木尔珠拉睦和岗目恒雄到德王府游历，请求收为弟子。命其虔诵《心经》"[363]。九世班禅一次次识破其醉翁之意，"严辞拒绝了日本侵略者的拉拢，并致电中央政府，斥责日本侵略者的阴谋"[364]。国民政府准备将九世班禅转移到安全地带，以防其遭遇不测。显然，一旦九世班禅落入敌手，

---

[361] 丹珠昂奔主编《历辈达赖喇嘛与班禅额尔德尼年谱》，第646页。

[362] 同上书，第647页。

[363] 同上书，第648页。

[364] 《略谈藏族人民对祖国抗日战争的贡献》，载喜饶尼玛：《近代藏事研究》，第204页。

那么藏地事业将会变得更加复杂，甚至无以为继，中央苦心经营的收回边地人心之种种努力甚至会付诸东流。

两个月后，《塘沽停战协定》[365]签订。之后日本关东军进军察哈尔，锡林郭勒盟副盟长德王暗中与日军相通。蒙古的形势急转直下，开始出现失控的迹象。[366]

在这种严峻的时局之中，戴季陶给蒋介石的一封绝密信件袒露了他的隐忧：九世班禅"恐为日人所劫。现在日本对班禅、章嘉必用力笼络。若日人得势，将来收复满蒙疆藏人心，更失一大背注，此事须防。故以令其避开河北热河一路为宜"[367]。

国民政府的情报判断非常准确，日本关东军"闻班禅将前往锡林郭勒盟厌当寺诵经消息，有拟乘隙挟持班禅，利用宗教手段，使当地脱离中内"[368]。由此可见，九世班禅所到之处，陷阱重重。

冒险到蒙古地区宣扬中央德意

九世班禅在国民政府的鼓励下，决定带着内蒙招抚之使命，冒着巨大的风险在日军占领东北之后到接近敌方势力的锡林郭勒盟进行宣化，倾情"详述中央德政，及暴日阴谋，并切实指导自卫工作，抚循人心，激励民气"[369]。九世班禅的巨大政治、宗教影响力使"欢迎之民众塞途蔽野，到处井为之涸"[370]。九世班禅举办的法会经

---

[365] 1933年5月31日，《塘沽停战协定》通过在长城以南建立非军事区，将黑龙江、吉林、辽宁、热河与中国的其他部分区隔，承认日本在满洲的存在。

[366] 1933年8月，蒙军自热河占领多伦，设察东特别自治区。1934年2月，国民政府置蒙古地方自治政务委员会于绥远百灵庙，德王任秘书长。1935年12月，蒙军进入察东六县，察哈尔大半沦陷。德王气焰益涨，1936年6月2日在察哈尔嘉卜寺成立内蒙军政府，自称总裁。

[367] 国民政府档案 002-000000-354A。

[368] 《申报》1933年6月1日，第8版。

[369] 陈文鑑：《班禅大师东来十五年大事记》（全一册），第30页。

[370] 同上。

常给参加法会的信众一个红绫带子。信徒认为"红绫带子中间有三个疙瘩,一个疙瘩就是大师指派来保护你的一个金刚"[371]。

九世班禅在抗日战争的大环境下,以忘我精神奔波往返为国宣化,国民政府知悉后即电九世班禅,"千乞珍重,事毕速回西部,较为妥慎"[372],他与中央政府在边疆事务的处理中,建立起的共信与互信更加牢固。

九世班禅不顾自身安危坚定以"为国为边,固有大无畏精神"[373], 毅然前往日本人控制的区域"联合蒙古王公,一致抗日"[374],"揭露日寇在'九一八事变'以来犯下的滔天罪行,号召内蒙广大民众奋起抗战,保卫家园"[375],"力说五族应坚固意志"[376]时,各种消息纷至沓来。"突来日本汽车十三辆,载兵六十余名"[377],"继来飞机一架,载七人"[378],"亦有汽车十八辆满载日本人"[379]等多路日军在此频繁活动,加上"日方造谣离间"[380]之能事,给社会上一些居心叵测之人捕风捉影诋毁九世班禅提供了机会。

---

[371] 余展鹏供稿、漆传勇整理:《随军护送九世班禅大师回藏杂记》,中国人民政治协商会议江西省靖安县委员会文史资料委员编:《靖安文史资料》(第五辑),1995年,第150页。

[372] 戴季陶:《滂江德王府广慧大师慧鉴》(1933年6月3日),载陈天锡:《戴季陶先生文存》之续编《简牍部门》,第301页。

[373] 陈文鑑:《班禅大师东来十五年大事记》(全一册),第28页。

[374] 《申报》1932年3月14日,第2版。

[375] 《略谈藏族人民对祖国抗日战争的贡献》,载喜饶尼玛:《近代藏事研究》,第203页。

[376] 中国第二历史档案馆、中国藏学研究中心编《九世班禅内地活动及返藏受阻档案选编》,第56页。

[377] 陈文鑑:《班禅大师东来十五年大事记》(全一册),第31页。

[378] 同上。

[379] 同上。

[380] 同上书,第28-29页。

在此情况下，九世班禅行辕主动给国民政府发电请求明察。政府高官明确电告九世班禅：此间并未闻大师有亲日之嫌。一句话就将此事完全切割，并未对九世班禅造成影响。

九世班禅在锡林郭勒盟传法宣化事竣后，又马不停蹄地西行到贝子庙和"阿巴噶等旗化导"[381]，揭露"日人谋建满、蒙伪国"[382]的险恶用心，九世班禅"慈悲心重，不问炎暑，尤为敬佩"[383]。他在感念中央诚意的同时，凡事均设身处地为国家着想、为国家大局服务。

当九世班禅在北平举办时轮金刚法会之时，日军在华北发起宗教同盟运动，目的实为掩护侵略本质，尤其是日本教徒田中清纯面谒九世班禅时，还大说特说"喇嘛教与卍字会主张仿佛，可由宗教上联络中、日、满，谋三国人民永久幸福"[384]。为礼貌起见，九世班禅与段祺瑞"仅取敷衍态度，未有明答日侵略政策"[385]。

1933年1月21日，九世班禅在蒙藏委员会纪念周发表《西藏历史与五族联合》的演讲，专此回应他到日本控制区宣化的经过："海拉尔为中日俄三国交界之地，甚恐变化莫测，尤其恐锡林郭勒盟将受他人诱惑，更有以宣传维持人心之必要。"[386]

日本侵华脚步一步步逼近，欲实施其精心炮制的"华北自治"[387]，意图"消除国民党在这一地区的影响，并建立一个保证

---

[381] 戴季陶：《滂江德王府班禅大师慧鉴》（1933年7月26日），载陈天锡：《戴季陶先生文存》之续编《简牍部门》，第301页。

[382] 陈文鑑：《班禅大师东来十五年大事记》（全一册），第17页。

[383] 戴季陶：《滂江德王府班禅大师慧鉴》（1933年7月26日），载陈天锡：《戴季陶先生文存》之续编《简牍部门》，第301页。

[384] 《申报》1932年11月1日，第6版。

[385] 同上。

[386] 中国第二历史档案馆、中国藏学研究中心编《九世班禅内地活动及返藏受阻档案选编》，第56页。

[387] "华北自治"包括河北、山东、山西、察哈尔、绥远。

中立但受日军严密控制的临时政权"[388]。如果班禅落入敌手，对中央政府来说，无论从何种角度看都是难以挽回的局面，对蒙藏事务的未来将更加难以处理。

百灵庙发来的密电

当蒙古高原进入秋季，内蒙古德王及各大王公前往百灵庙开会，组织内蒙古自治运动会议，"倡导自治，致举国惊异"[389]，九世班禅也被邀请在会议举行期间修建时轮金刚法会。"资望虽浅，较为狡黠"[390]的德王用意是"班禅喇嘛的出现会吸引成千上万的蒙古人到百灵庙来致敬和参加法会，而这会提升运动的动力"[391]。但德王显然低估了九世班禅的政治智慧。九世班禅知悉此情后研判，这个会真正应德王之召者，十无一二；内蒙王公及一般民众，多数都会拥护中央。

作出上述形势的判断后，九世班禅第一时间给国民政府官员戴季陶发出一封对国家而言至为重要的密电：

> 在西乌珠穆沁宣化期间，据德王谈及，其议决案中，有组织内蒙自治政府，以谋团结自救一节，除由班禅开导，务求不违反中央意旨外，特电密呈，即请政府速筹办法为祷。[392]

---

[388] [美]费正清、费维恺：《剑桥中华民国史（1912-1949年）》（下卷），刘敬坤等译，谢亮生校订，北京：中国社会科学出版社，2007，第512页。

[389] 计晋美：《传记：西藏第九辈班禅事略》，《中国边疆建设集刊》1948年1月，第37页。

[390] 《申报》1933年10月20日，第8版。

[391] 滕华睿：《建构现代中国的藏传佛教徒》，陈波译，第168页。

[392] 戴季陶：《致蒋委员长电》（1933年9月13日），载陈天锡：《戴季陶先生文存》之续编《政治部门边政类》，台北："中国国民党中央委员会党史史料编纂委员会"，1967，第171页。

在向中央报告前，九世班禅还依靠自己的影响力对德王组织蒙古自治政府"嘱加审慎，以免为国际利用"[393]。

与此同时，九世班禅"派罗桑坚赞、刘家驹前往庐山，向蒋介石汇报内蒙形势"[394]。

这次九世班禅在西乌珠穆沁的宣化，是其第四次修建时轮金刚法会，共计五万余人参加。

戴季陶接此密电后，立即写下"此事关系甚巨"[395]的批语，迅即将此密电转呈蒋介石，并一针见血地指出"外患既深，边事若无良策，恐进退两失"[396]，同时也开始担忧九世班禅在内蒙古的处境。这封重要的密电由九世班禅第一时间发来，为中枢处理此事争取了时间，使蒋介石认识到九世班禅不可替代的政治作用。随后国民政府深嘉大师之力，认为九世班禅"应宣化使命，寒暑遄征，力镇危疑，维护边局，特予崇褒"[397]。

九世班禅以己之力解决了内蒙古自治的棘手问题，其作用被美国驻北京公使馆前任代办卫理敏锐地捕捉到："中央政府努力保持蒙古王公们的支持获得成功，这毫无疑问是因为班禅喇嘛在他的同教中游历的影响。"[398]

九世班禅如此作为，令国民政府对其信任大增，希望其返藏后取得更大的成果，自此萌生了说服九世班禅返藏的计划，毕竟返藏更是九世班禅魂牵梦萦的最大心愿。

---

[393] 喜饶尼玛：《噶伦官职》，《西藏研究》1989年第2期，第144页。

[394] 喜饶尼玛、苏发祥：《蒙藏委员会档案中的西藏事务》，第211页。

[395] 戴季陶：《致蒋委员长电》（1933年9月13日），载陈天锡：《戴季陶先生文存》之续编《政治部门边政类》，第171页。

[396] 同上书，第172页。

[397] 计晋美：《传记：西藏第九辈班禅事略》，《中国边疆建设集刊》1948年1月，第37页。

[398] 卫理：《西藏及其邻居》，第133-134页，载滕华睿：《建构现代中国的藏传佛教徒》，陈波译，第169页。

1933年10月8日，国民政府自南京给九世班禅发出一份密电，对护国宣化广慧班禅大师在蒙古宣化功绩予以大力肯定，"大师训以事事听令中央，实属婆心苦口"[399]。"曾经屡与汪院长[400]、石委员长[401]等再四研究，均以大师对于蒙民悲智双运，财法兼施，可谓所作已办。"[402] "政府对师之辛勤宣劳，深用欣慰，当有嘉言迢远行在矣。"[403]密电对九世班禅予以高度赞扬后，笔锋一转，希望正在内蒙宣化的九世班禅尽快返回首都南京。发出这份密电时，东三省和热河已沦陷。在这种状况下，九世班禅如何抽身而出，国民政府都为其拟好了说辞，"蒙地宣化告成，回京复命为词，暂离蒙地，南下小休"[404]。国民政府于此考虑之周详可见一斑。

　　六天后的10月14日，因"民间闻师回南之信，更无不欣喜过望"[405]，行政院院长汪精卫给九世班禅发电"来京商蒙事"[406]。

　　为了确立班禅在藏传佛教的地位，国民政府积极筹划九世班禅自蒙古返回南京后，"复可对于南方各地，广种众生之福田，确立正教之基础"[407]。此时国民政府不断站在九世班禅的宗教领袖角度考虑问题，请其提出未来宣化意见以便政府妥当安排。蒙藏政教制度关涉繁重，事事均无具体方案，必待大师慧照，方有所成。这份密电内容非常丰富，甚至为九世班禅在南京驻锡而准备的"汤山

---

[399] 陈天锡：《戴季陶先生文存·政治部门边政类》（卷一），台湾文物供应社，1959，第292页。

[400] 汪精卫，时任行政院院长。

[401] 石青阳，时任蒙藏委员会委员长。

[402] 陈天锡：《戴季陶先生文存·政治部门边政类》（卷一），第292页。

[403] 同上。

[404] 同上。

[405] 戴季陶：《班禅大师慧鉴》（1933年10月14日），载陈天锡：《戴季陶先生文存》之续编《简牍部门》，第301页。

[406] 《时事日志》，《东方杂志》1933年11月第30卷第22号，第66页。

[407] 陈天锡：《戴季陶先生文存·政治部门边政类》（卷一），第292页。

新馆，布置已妥"[408]也详陈告之。

南京的汤山行馆系国民政府专门为九世班禅驻锡京城所修造，称为望云书屋。为迎接九世班禅的驻锡，相关人员"连日派人布置，已经就绪，庄严以待"[409]。书屋中悬挂有各类佛像，并且每张尺寸都有详细的考究，如阿弥陀佛西方极乐世界像、释迦牟尼佛灵山说法像、宗喀巴祖师说法像等。虽然这些佛像都是国民政府请九世班禅"代托西藏名画师造次"[410]，但希望佛像"务求十分精美，色彩鲜明美丽，能经久不坏，见者欢喜生信"[411]。

精心筹备返藏之路

九世班禅返藏的计划，早在1931年国民政府首脑与他第一次在南京见面后就已经考虑成熟并公开定调："现在西藏和内地铁路交通还没有贯通，但是在思想方面我们先可以造成一个通路；飞机还没有飞到西藏去，但是思想可以先飞去的。在这一点上，我们希望于班禅者甚大……我们希望班禅第一步驻在西康或者驻在青海。"[412]对九世班禅的返藏之路，国民政府"并不希望班禅有什么物质的力量去，而要带总理的思想去"[413]。

此际外界舆论颇多，国民政府准备以武力帮助九世班禅回藏之

---

[408] 戴季陶：《致班禅大师电》(1933年10月8日，于南京)，载陈天锡：《戴季陶先生文存·政治部门边政类》(卷一)，第292页。

[409] 戴季陶：《致班禅大师书》(1933年12月8日)，载陈天锡：《戴季陶先生文存·政治部门边政类》(卷一)，第1221页。

[410] 戴季陶：《致班禅大师书》(1932年9月)，载陈天锡：《戴季陶先生文存·佛学部门类》(卷三)，第1218页。

[411] 同上。

[412] 戴季陶：《中藏思想沟通之重要》(1931年6月7日)，《新亚细亚》1931年第2卷第5期，载桑兵、朱凤林：《戴季陶卷》，北京：中国人民大学出版社，2014，第578页。

[413] 同上。

说愈演愈烈,引起西藏地方政府的不安。为消除影响,九世班禅在首都南京专门对报界记者说:

> 余离藏已将十载,康藏纠纷,幸告一段落,余始终抱和平宗旨,往来蒙古及内地,宣传德意,欲以宗教慈悲补政治所不及。有谓余将藉武力回藏,实则无此心,亦无此力,切望藏人输诚中央。[414]

九世班禅上述表态,令外界对其回藏的疑虑渐消。

1933年底,十三世达赖喇嘛突然在拉萨圆寂,一时间,西藏地方群龙无首。国民政府为了稳定西藏政局,加上"西藏当局派员迎班禅入藏之举"[415],国民政府最终决定于1935年正式护送九世班禅"入藏宣化"[416]。

一切都按照美好的愿景进行。

"西藏为中华民族成员之一……班禅回藏,自能应付裕如"[417],"必不为帝国主义者所能挟持"[418];定能"抚慰藏民,宣示中央德意"[419]……

上述舆论占据上风,因此班禅返藏之路正式上升为国家政治宗教上的重大事务,最高层介入的结果就是各部都通力合作,悉数解决人员、经费、枪支等问题,同时蒙藏委员会派员随九世班禅入藏。由此亦可见中央对其返藏所能取得成果的期待——"中华民族之观

---

[414] 《申报》1932年12月20日,第3版。

[415] 《班禅回藏与中华民族》,《蒙藏月报》1934年第1卷第3期,第12页。

[416] 《蒙藏会派员随班禅入藏》,《康藏前锋》1935年第2卷第12期,第55页。

[417] 《班禅回藏与中华民族》,《蒙藏月报》1934年第1卷第3期,第12页。

[418] 同上。

[419] 《蒙藏会派员随班禅入藏》,《康藏前锋》1935年第2卷第12期,第55页。

感，必因之而日益浓厚"[420]。

1934年7月7日中午，蒋介石在南京专门宴请九世班禅，"席间垂询西藏交通甚详"[421]，九世班禅告之："以后返藏路线，或即由青启程，从陆路前往。"[422]

但九世班禅秘密筹备的返藏计划，却被嗅觉灵敏的英国人发现，彼随即采取一系列卑劣手法着力施压西藏地方政府阻挠九世班禅返藏。当年苏共中央机关报《真理报》和《劳动报》曾刊发文章，谴责英国阻挠九世班禅返藏："英国正在挑起西藏内战，目的是为了有效防止班禅喇嘛回到西藏。因为班禅喇嘛的反英信仰将力挫英国想要通过吞并中国西部来重建西藏的计划。"[423]

对九世班禅而言，"在中华国民政府之下区域自治的西藏，比起他不能安全回归的那个西藏是一个更好的选择"[424]。但西藏地方政府不愿意中央势力藉此进入，而九世班禅则明确希望国民政府派兵护送其返藏，双方就军事力量的入藏与否僵持不下，返藏之路充满变数，一拖就长达近四年时间。

各方尽力调解两大活佛的关系

为了使九世班禅顺利返藏，在中央政府支持下，九世班禅派出安钦活佛作为代表几次往返西藏与十三世达赖喇嘛坦诚沟通，最终"达赖已经没有固执排挤班禅返藏的成见。只是达赖喇嘛的随从人员和一些西藏'大臣'，他们坚决地反对班禅喇嘛返藏"[425]。

---

[420]《班禅回藏与中华民族》，《蒙藏月报》1934年第1卷第3期，第12页。

[421]《班禅即赴蒙青宣化》，天津《益世报》1934年7月8日，第3版。

[422] 同上。

[423] Riga, "British 'Designs' in Tibet", *The Times* (London, England), Friday, Apr. 06, 1934; p. 11, Issue 46721

[424] 滕华睿：《建构现代中国的藏传佛教徒》，陈波译，第169页。

[425] 方秋苇：《达赖转世与班禅返藏》北京：《东方杂志》1937年4月第34卷第7号，第37页。

经过无数次苦口婆心的调解，十三世达赖喇嘛对九世班禅的误解已经冰释了，九世班禅返藏的时机已呈天时地利人和之势，障碍几被扫除。遗憾的是，在没有任何征兆的情况下，十三世达赖喇嘛在拉萨突然圆寂。

十三世达赖喇嘛留下了遗嘱，其中就有关键的一句："师兄班禅在中央有力，应速请彼回，维持政教。前藏后藏僧民等，应听班禅之教诲。"[426]

十三世达赖喇嘛圆寂，九世班禅能否顺利返藏，中央政府实际上有慎重的全局性考虑，一方面火速派出国民政府参谋本部次长黄慕松致祭，一方面探悉九世班禅返藏之后是否能挑起政教大权的重任，也就是"尚待黄、戴明瞭西藏局势西藏归来以后而决定，似为政府已定之方针"[427]。加上哲蚌寺、色拉寺向中央政府请求九世班禅返藏主持政教事务，五世嘉木样活佛同样给中央发电"班禅远在蒙疆，藏事无人主持，群众失首，情势危急……伏祈急令班禅大师速定善策，兼程入藏，主理一切"[428]。

有鉴于此，九世班禅此时返藏是恢复西藏地方与中央政府关系的良机，有人认为达赖与班禅互为师徒，达赖圆寂，班禅回藏主持顺理成章。况且班禅的"宗教尊严，实较达赖有过之无不及也，徒以其近年与达赖方面稍有隔阂，故奔走内地，致全藏教务，尽归达赖掌握，实则其在藏中之潜势力，固全未消失，且因达赖之死亡，而更形澎大"[429]，加上藏族聚居区各重要寺院的拥护，九世班禅返藏顺利取得政教两权具有非常有利的条件。

随着时间的推移，希望九世班禅返藏的呼声越来越大，声浪似

---

[426] 方秋苇：《达赖转世与班禅返藏》北京：《东方杂志》1937年4月第34卷第7号，第38页。

[427] 宇民：《班禅回藏问题》，《新青海》1934年第2卷第6期，第8页。

[428] 辛补堂、王学斌、孙文山：《反帝爱国维护民族团结的九世班禅》，太原：《山西文史资料》1996年第4期，第33页。

[429] 宇民：《班禅回藏问题》，《新青海》1934年第2卷第6期，第10页。

有一天高过一天之势，但由于十三世达赖喇嘛与九世班禅两位身边之人关系势同水火，直接或间接影响了九世班禅返藏之路。

面对十三世达赖喇嘛圆寂，各种声音鹊起，有的认为："中央若不迅派大员入藏慰唁视察，疏通隔阂，对达赖左右之人，晓以利害，使之觉悟，遵照佛法藏规，欢迎班禅入藏，主持政教内务。一方积极准备，以实力护送班禅入藏，则藏事尚可挽救万一。否则，仅仅乎追封达赖尊号，任若辈葛仑之辈，自为应付，则西藏问题之前途，必将陷于不可问闻之境，而班禅回藏之志，亦将成为梦幻矣。"[430] 人们对西藏地方的未来，莫衷一是，各执己见。

1934年1月，西藏地方推举摄政热振活佛，并电告中央，经1月30日行政院会议议决批准。

西藏政局的变化，无疑对九世班禅返藏带来影响。有记者在汪精卫的一番表态中精准捕捉到九世班禅返藏困难之状。"中央决不愿以武力护送班禅回藏，就是班禅本人也不愿意恃武力以回藏。"[431]

九世班禅到青海之后，将自己在内地十余年来的思考凝练为《团结五族必须政教兼施》的演讲："目下之最重要工作，一方面必须拥护中央，竭诚在实际上作去，免除口头上之虚伪举动。中央方面，亦必须不忘五大民族，在精神上谋得深厚之联系，共同致力于中华民族之复兴工作。"[432]

这种理念使国民政府的一些重要官员和学者深感敬佩，著名学者顾颉刚在《班禅大师全集序》中评价班禅：高瞻远瞩，发为恢宏之愿望……翊赞中枢，共御外侮。

---

[430] 星：《欢迎班禅入藏》，《新青海》1933年第1卷第12期，第3页。

[431] 社评：《隆夏尔遇害与班禅回藏》，《一周间》1934年第1卷第5期，第166页。

[432] 班禅额尔德尼：《团结五族必须政教兼施》，《西陲宣化使公署月刊》1935年创刊号第1期，第1页。

返藏：不断遇到的问题

西藏地方政府与中央政府在九世班禅返藏之路上的分歧很大，1934年4月12日，"外电称西藏当局，决定裁军并派员迎班禅回藏"[433]。国民政府派戴季陶于三天后突然以公干的名义飞青海，实则为九世班禅入青返藏铺平道路。前往青海的成果之一就是6月28日，青海兴萨班智达佛谒汪精卫，面谈欢迎班禅入青回藏。7月1日，汪精卫拜访班禅之后，班禅旋即于7月10日访考试院院长戴季陶，商返藏事。8月18日，西藏地方政府希望"请中央令班禅由海道回藏"[434]，"其意或不免为其政治地位问题，但班禅只身由海道回藏，在班禅方面断难办到"[435]。蒋介石于9月4日再次电复黄慕松，要求其"尽力疏解，务达班禅安稳回藏之目的"[436]。此时的国民政府显然正在全力促成班禅由陆路安妥回藏。

这一时期，九世班禅的返藏之路似乎成功在望。4月26日，九世班禅抵达杭州，并在此停留近一个月。他在为其举办的专场欢迎大会上详细陈述自己的治藏方针：

> 最近奉中央命令及西藏民众的促请，即将返藏，因愿与朱主席及各界见面，所以取道兰州。
>
> ……
>
> 将来到藏之后，对民众宣传者有三点，一、宣传三民主义，在我个人对主义，本无深刻研究，不过，此十二年中，略有晓悟，愿将自己所知的一点，向藏民宣传，二、宣传中央对藏疆设施之计划及其威德，使民众明瞭，三、使民众与国家团结，成为一体，因为国无民则不能

---

[433] 《时事日志》，《东方杂志》1934年5月第31卷第10号，第89页。

[434] 高素兰：《"蒋中正总统档案"：事略稿本27》（1934年7月下至9月上），台北，2007，第328页。

[435] 同上。

[436] 同上书，第406页。

成立，民无国则不能生存，所以今后只有本此努力，使宣化工作名实相符，其次中央与西藏以往甚为隔阂，其原因是交通不开，语言不通，内地人赴西藏者极少，所以一切隔阂因此而生，此次返藏，先对交通教育切实整理。关于交通方面，可分三点，一、修筑火车路，因西藏山谷绵叠，实有困难，且非短期可成者，二、飞机虽然捷便，但非民众普通能应用，三、欲因地施材，只有对汽车公路建设起来，西陲民智落后，只要交通发展，文化就可流通，感情亦能融洽，一般人民，均能受到教育，知道科学常识，国际情势与国内政治的现况与趋向，所以有交通，然后由教育可言，一切建设事业，均易着手。

　　本人自幼生长西藏，少时未受相当教育，此次返藏，对中央所予助，凡一个国家的兴衰，就看人材多寡，（朱）主席对甘肃教育，有突飞猛进的成绩，因教育发达，事业即可发展。……因为我们五族一家，所以不客气的说出口来。返藏以后，希望各界时加指导，最后敬祝主席及各位身体健康，前途无量。[437]

　　5月12日，鉴于十三世达赖喇嘛圆寂前曾希望班禅返藏，当十三世达赖喇嘛圆寂之后，英国《泰晤士报》声称："由于班禅喇嘛是西藏最受爱戴的人士，他的回归会受到高僧的欢迎。"[438] 那么《泰晤士报》的根据是什么呢？1934年1月27日，"西藏三大寺代表程文渊等向中央请求护送班禅回藏"[439]；4月7日，"西藏土司电请班禅入藏主政"[440]，黄慕松在藏也给国民政府发电："西藏秩序

---

[437]《治藏方针：班禅在兰州欢迎席上报告》，《康藏前锋》1935年第2卷第9期，第26-27页。

[438] "Lost Lands of China Ties with Tibet", *The Times* (London, England), Friday, Sep. 14, 1934; p. 11, Issue 46859

[439]《时事日志》，《东方杂志》1934年3月第31卷第5号，第69页。

[440]《时事日志》，《东方杂志》1934年5月第31卷第9号，第87页。

1934年6月3日，上海各界举行欢迎九世班禅市民大会，预祝大师顺利回藏主持政教
1934年《中华（上海）》第28期，摄影：朱稼青

尚好，多数官民均盼班禅回藏"……[441] 种种信息令蒋介石下决心"促班禅回藏主持政教"[442]。

然而，来自西藏地方政府的讯息却南辕北辙——"今达赖虽逝，闻藏中仍无欢迎班禅情形"[443]。从西藏驻京办事处处长贡觉仲尼语

---

[441] 《蒋介石文物 / 特交档案 / 一般资料》，1934年4月25日，国民政府档案 002000001551A—002-080200-00162-037。

[442] 《时事日志》，《东方杂志》1934年6月第31卷第12号，第87页。

[443] 市隐：《达赖逝世后之康藏纠纷》，《东方杂志》1934年4月第31卷第8号，第130页。

气看,"藏方有不安情状,故请班禅回藏或是缓和之举动"[444],这一声音似乎被国民政府官方的声音所过滤,但也预示着九世班禅返藏之路的艰难。

国民政府在做出这一决策的同时,中央致祭专员黄慕松的队伍正在前往拉萨途中,抵达康定。1934年5月22日,九世班禅由杭州抵达上海。1934年7月14日,九世班禅由南京飞抵北平。国民政府对九世班禅一系列安排,显然取得两个结果:一是,九世班禅顺利自蒙古抽身;二是,与国民政府就返藏取得一致意见。

就在此期间,九世班禅回藏的形势突然发生了逆转。当蒋介石密电戴季陶,九世班禅"携带大宗枪械,沿途驮运。青海方面以班禅如组织武力,藏方必多方阻止……谣诼由滋"[445],提出"班禅武器以暂缓输入较为妥当"[446],戴季陶表示"弟对此事所见与尊意相同"[447],此事的关键在英国人的挑唆,西藏地方政府有顾虑。戴季陶清楚地意识到未来"矛盾已经演变成两位高僧的手下官员之间的较量"[448],因此决不能让对抗升温。果不其然,此时西藏地方政府的"进步派们被怀疑反对班禅的回归,因为基于此行为很有可能会鼓励一些反应"[449]。

---

[444] 《蒋介石文物/特交档案/一般资料》,1934年4月21日,国民政府档案 002000001550A—002-080200-00161-115。

[445] 蒋介石:《蒋介石电戴季陶和曹浩森(代理何应钦职)转达朱绍良所电甘川青边境番族意见分歧,为免武器流入番族手中,暂缓让班禅携带武器较妥》(1935年3月10日),载叶健青:《西藏史料汇编:班禅返藏之路》,台北,2009,第27页。

[446] 同上书,第26页。

[447] 戴季陶:《戴季陶电蒋介石有关班禅购枪事宜等回南京后再议》(1935年3月12日),载叶健青:《西藏史料汇编:班禅返藏之路》,第28页。

[448] "The Death of the Dalai Lama – Where Is the New Incarnation?", *The Times* (London, England), Monday, Jan. 29, 1934; p. 13, Issue 46664

[449] "Lost Lands of China Ties with Tibet", *The Times* (London, England), Friday, Sep. 14, 1934; p. 11, Issue 46859

由此，国民政府提出九世班禅所携带的武器暂缓入藏，目的是不希望西藏亲英人士误判九世班禅携带武器与中央权力入藏发生联系。这种判断是中央官员基于西藏地方形势的精准把握。

1934年11月1日，蒋介石明确告知九世班禅，"商洽尚无结果"[450]。国民政府开始启动第二套解决九世班禅返藏的方案，即"须安钦抵藏，乃能切实解答也"[451]。第一套方案中九世班禅始终希望以仪仗兵的方式护送自己入藏，一方面可以彰显中央权威，一方面又可维护自己的固有地位，国民政府为此方案进行了大量而周到的组织工作，只是迫于西藏地方政府固执的态度而难以实施。在这种状况下，国民政府认为，与其纠缠其间、久拖不决，还不如主动以润物无声的办法促使九世班禅放弃仪仗兵入藏的计划。

此时，蒋介石要求相关人员认真讨论班禅的宗教力量和组织武力入藏之事，并明确指出："班禅组军时必生纠纷，可无疑义。"[452]显然在这一问题上与西藏地方政府僵持不下会产生这样的后果：一来会使九世班禅入藏遥遥无期；二来中央恢复行使对藏的权力会因此落空。

1935年12月26日，青海省主席马麟突然发电国民政府行政院长蒋介石，告知"反对中央护送班禅入藏之言论系受英人威廉逊操纵"[453]。随后，在1936年2月7日，马麟再次给蒋介石发电，告知"威廉逊逝世，英驻扎人员尚未到任之时，藏人无外界煽动，对于内向似

---

[450] 周美华：《"蒋中正总统档案"：事略稿本28》(1934年9月下至12月)，台北，2007，第396页。

[451] 同上。

[452] 蒋介石：《蒋介石电汪兆铭、戴季陶、黄慕松讨论班禅的宗教力量和组织武力入藏之事》(1935年4月27日)，载叶健青：《西藏史料汇编：班禅返藏之路》，第50页。

[453] 《青海省主席与蒋介石关于趁英人威廉逊已死速送班禅回藏文电》(1935年12月26日)，国民政府蒙藏委员会档案，一四一/2358。

有转机。大师及护送专使迅速入藏，毫无阻碍，可以断言"[454]。

欢迎九世班禅入藏的文电不少，反对九世班禅入藏的文电同样不少，这着实令国民政府的决策有些无所适从。

无论哪一方，似乎在九世班禅返藏能否成功上都很焦虑。

1937年9月21日，蒙藏委员会收到来自驻藏人员蒋致余的密电："班禅回藏已告解决……仪仗队已可于最近护送班禅顺利入藏。"[455]国民政府此前准备好的仪仗队约"三百余人，中央摄影场派随入藏摄影师黎锡勋"[456]。

各路信息反馈回来，九世班禅认为返藏指日可待。

返藏在万事俱备中落空

九世班禅乘飞机抵达青海西宁，青海省主席马步芳将谭克敏厅长公馆借为招待处，"全部油漆粉色，备极堂皇"[457]。随后班禅自西宁前往塔尔寺，其抵达塔尔寺时的场景，"自晨至夕，拥挤不堪"[458]，"蒙藏人民前往观灯礼佛者，踵接于途"[459]，"是夜，大放酥油花灯"[460]。所有党政军官员都知悉，九世班禅这一次抵达青海的目的就是为返藏做准备，邵元冲、马步芳、谭克敏等高级官员"均

---

[454] 《青海省主席与蒋介石关于趁英人威廉逊已死速送班禅回藏文电》（1935年12月26日），国民政府蒙藏委员会档案，一四一/2358。

[455] 陈布雷：《转示蒋介石为顾全中英关系班禅入藏须特别慎重仪仗队不可入藏谕致吴忠信函》（1937年9月28日），中国第二历史档案馆、中国藏学研究中心编《九世班禅内地活动及返藏受阻档案选编》，第457页。

[456] 《申报》1935年11月30日，第8版。

[457] 《申报》1935年4月15日，第8版。

[458] 《申报》1935年5月15日，第7版。

[459] 《申报》1936年2月10日，第5版。

[460] 同上。

亲送至寺，各机关学校团体均在南郊外欢送班回藏"[461]，"前往参观者，达十余万人，盛况为往年所未有"[462]。《新青海》期刊对九世班禅的返藏同样作乐观的期待："返藏之期，当可于年内实现。"[463]并预测"大师返藏以后，则僧民人等，均有所主，西藏问题，不解决而解决矣"[464]。

  1935年，国民政府处于内忧外患，各项费用异常紧张。5月11日，蒙藏委员会委员长黄慕松向蒋介石报告，拨给九世班禅回藏经费由"核定原概算书一百六十余万元，核为八十万元"[465]，费用压缩达一半。此日，正是九世班禅抵达青海之日。即使经费减半，至当年10月，返藏经费依然未能如期划拨，此时九世班禅驻青海已近半年。

  由于九世班禅驻锡青海，全额经费迟迟拨不到位，马步芳一改昔日对其"竭诚欢迎"[466]"派队远道迎迓"[467]的做法，欲借九世班禅的影响力向国民政府索取军饷，"希望班禅替他说话"[468]。班禅领会其意，立即吩咐手下人致电中央有关部门。[469]

  为了对九世班禅表示感谢，1936年九世班禅在塔尔寺举行时轮金刚法会时，马步芳"这位伊斯兰教新兴教派的信徒，也前去捧

---

[461]《申报》1935年5月16日，第9版。

[462]《申报》1936年2月10日，第5版。

[463] 民意：《班禅大师莅青》，《新青海》1935年第3卷第6期，第3页。

[464] 同上书，第4页。

[465] 黄慕松：《电蒋介石对班禅回藏经费已商承汪兆铭、戴季陶核定》（1935年5月11日），载叶健青：《西藏史料汇编：班禅返藏之路》，第52页。

[466]《边事》月刊社：《玉树近事记》（下编），载张羽新、张双志：《民国藏事史料汇编》（第二十六册），北京：学苑出版社，第298页。

[467] 同上。

[468] 韩海容：《我为马步芳向蒋介石要饷的钻营活动》，中国人民政治协商会议全国委员会文史资料研究委员会编《文史资料选辑（内部发行）》第二十七辑，北京：中华书局，1962，第190页。

[469] 同上。

场"[470]。为了防止九世班禅被马步芳进一步胁迫,蒋介石只好采用缓兵之计,复电九世班禅和马步芳,"原则上同意发饷,而发多少以及什么时候发,则未具体说明"[471]。对于九世班禅,马步芳也无话可说,毕竟九世班禅已经按其意给中央发电。

九世班禅在青海组织宣化署引起西藏地方政府的不满。西藏地方政府在给青海马步芳的电文中对九世班禅极力贬低:"最能使我藏方不满意者一端,即助班禅在青海组织宣化署,其将为谁宣化乎?"[472]并提出解决办法:"迅电中央,阻止班禅来青组织宣化署之事。"[473]

在青海的九世班禅始终为返藏进行着最大限度的努力,由于劳心劳力,"班禅大师似较在杭时为苍老,须发斑白,想系忧国忧藏所致"[474]。九世班禅的返藏行程始终成为媒体追踪关注的热点,当九世班禅抵达甘肃拉卜楞寺后,停留两个月余,南京中央社称,"虽一再定期返藏,终以种种原因,未克实现,兹据确息,班禅返藏恐暂难成行"[475]。

1936年11月16日,九世班禅抵达青海玉树。

此际正值中国工农红军长征到达甘肃、青海和陕西之时,不久又逢"西安事变"。因此,赵守钰的专使行辕西行中遇到了各方面的困难。直到1937年7月,赵守钰等才抵达玉树。原定的春天会合,一拖又到了夏天,而返藏之路的时局也迅速发生了改变:一是,英国驻锡金的行政官员贝尔亲自赴拉萨,怂恿噶厦拒绝九世班禅入藏;

---

[470] 韩海容:《我为马步芳向蒋介石要饷的钻营活动》,中国人民政治协商会议全国委员会文史资料研究委员会编《文史资料选辑(内部发行)》第二十七辑,第190页。

[471] 同上。

[472] 宇民:《青藏和议与班禅赴青问题》,《新青海》1933年第1卷第8期,第8页。

[473] 同上。

[474] 庄泽宣:《西北视察记》,第108页。

[475] 《班禅暂难返藏》,天津《益世报》1936年8月17日,第3版。

二是，噶厦派藏军进攻西康石渠和青海藏区，马步芳致电国民政府请求国民政府另派卫队护送班禅；三是，全面抗战即将开始，九世班禅返回西藏的可能性在一点一点降低。

这些信息令在青海玉树的九世班禅"焦急忧虑，脸色日见消瘦憔悴"[476]，他最终等来的却是令其难以接受的结果：被要求放弃的不仅仅是仪仗队入藏，连返藏计划也要征得西藏地方政府批准方可成行。面对中央政府要求"须得到藏方有确实回音，且派队到边境相接"[477]的决定，面对西藏地方不允许九世班禅不受约束地增加军费，不承认扎什伦布寺自成体系的区域，"签字承认今后服从前藏政府明令"[478]的苛刻条件，九世班禅心急如焚却又别无选择。"佛座深荷国恩，不能不顾及中央威信"[479]，九世班禅最终做出了遵令缓进的决定。

局势迅速变化，英国人此时出场并强力干涉，英国驻华大使竟照会国民政府外交部，提出九世班禅入藏后相关事务交由西藏地方政府负责。此时的蒙藏委员会则表态，九世班禅返藏是中国内政，毋须英国政府插手，建议中央政府继续按照原定计划护送其返藏。

从1935年11月9日蒋介石提出"速送班禅返藏，而后藏事始

---

[476] 余展鹏、漆传勇：《随军护送九世班禅大师回藏杂记》，中国人民政治协商会议江西省靖安县委员会文史资料委员会编《靖安文史资料》（第五辑），1995年，第147页。

[477] 陈布雷：《转示蒋介石为顾全中英关系班禅入藏须特别慎重仪仗队不可入藏谕致吴忠信函》（1937年9月28日），载中国第二历史档案馆、中国藏学研究中心编《九世班禅内地活动及返藏受阻档案选编》，第457页。

[478] 班禅行辕堪布会议厅：《为噶厦所提回藏条件无法接受大师率属移驻甘孜事致班禅办事处电》（1937年9月30日），载中国第二历史档案馆、中国藏学研究中编《九世班禅内地活动及返藏受阻档案选编》，第458页。

[479] 同上。

有解决之希望"[480]，到 1937 年 7 月 7 日全面抗战爆发，短短两年多时间，国民政府在班禅返藏问题上逐渐动摇，而噶厦阻止九世班禅入藏的态度则越来越坚决。

很难揣测九世班禅当时的心境，但仪仗队是国家主权的象征，是一块立竿见影的试金石。

遗憾的是，此时日军正大举进攻南京，国民政府被迫开始全线撤离首都，纷乱之态可想而知。

对九世班禅而言，悲国、悲民、悲己，万千悲痛涌上心头。

---

[480]《蒋中正电黄慕松为免藏人轻视汉人和藏人受英人诱惑应成立正式驻藏办事处并筹办青滇通藏公路》，载叶健青：《西藏史料汇编：班禅返藏之路》，第 194 页。

第九章 现代国家意识的开启——国民政府时期九世班禅的十年

自 1923 年九世班禅离开西藏，到 1937 年在青海玉树圆寂，九世班禅先后在青海、内蒙古、甘肃、陕西、山西、察哈尔、辽宁、吉林、浙江、上海等十数个省市不辞辛苦，讲经说法、摸顶布施、全身心投入护国佑民的佛事活动，宣扬中央德意，安抚边疆民众，反对外国侵略，维护祖国统一。所行之处，金声玉振，同心共铸。尤其是 1927 年南京国民政府成立后，由于其内向心诚，国民政府除了接替北洋政府继续厚待九世班禅之外，更将其导引到国家政治层面的大格局中，不断为其宣化创造更多条件，最终使不辞辛苦、竭尽心力、"德音广被"[481]、"维系边局"[482] 的九世班禅成长为国家领导集体不可或缺的组成成员，为 1930 年代的蒙藏边疆稳定，阐发团结御侮，"上以阐明中央之德意，下以激发蒙族之忠忱"[483]，疾呼抗日救国，均起到了无可替代的效用。在建立互信的基础上，共同凝聚国家共识，为同频共振、同心共铸中华民族作出了自己的贡献。

出任国民政府委员

九世班禅到达内地后，不断表示"赞筹统一，精忠翊国"[484]，

---

[481] 《国民政府档案》，中国第二历史档案馆，全宗号 1，共 11541 卷，第 2648 号。

[482] 同上。

[483] 同上。

[484] 中国第二历史档案馆、中国藏学研究中心编《九世班禅内地活动及返藏受阻档案选编》，第 5 页。

民国政府官员多认为加强与九世班禅的关系对处理西藏地方事务非常有利，故对远道而来的九世班禅"甚为优遇"[485]，加封"宣诚济世"，但并没有超越出其宗教领袖的定位。此时的九世班禅并没有想到，除了为数众多的蒙古、青海、西康及内地信佛人士的精神追随外，一些政府高级官员，如吴佩孚"研究佛学极感兴趣，搜罗经卷颇富，近来求班禅抄赐西藏真经，求深造"[486]，令其颇感意外，再加上对其物质上"供养之丰，尤胜后藏"[487]，最终化为"拥护中央之心益决"[488]。

首抵内地的九世班禅，"第一次公开表明自己政治态度"[489]，明确"表达了自己忠心为国的思想，也在全国各族人民面前展示了一个爱国高僧的形象"[490]。这种背景的铺垫，促使南京国民政府甫一成立，"班禅喇嘛以前在流亡中的宗教性质角色在最初就被转换成一个带有政治管理性的世俗官方角色"[491]。这种角色定位隐喻着南京国民政府对藏行使管理权力，维护几近中断的中央与西藏地方的官方交往，以遏制西藏地方少数人的独立倾向。

在此精准定位下，中央政府为了加强沟通与联系，念其内向心诚，除任命其为青海地方官员外，还批准其设立驻南京、北平办事处以加强联系。这种善意态度，实现了"在现代中国历史上，政府第一次为一名藏传佛教高僧创立一个特别的办事处"[492]，开创了与中央政府进行密切沟通的新渠道。

---

[485] 孙子和：《民国十三年以来之中国国民党与西藏》，台湾"蒙藏委员会"，1985，第 6 页。

[486] 《申报》1932 年 7 月 16 日，第 8 版。

[487] 孙子和：《民国十三年以来之中国国民党与西藏》，第 7 页

[488] 同上。

[489] 《九世班禅出走内地述略》，载喜饶尼玛：《近代藏事研究》，第 168 页。

[490] 同上。

[491] 滕华睿：《建构现代中国的藏传佛教徒》，陈波译，第 125 页。

[492] 同上。

对九世班禅而言，更多的政治待遇接踵而来。

1928年10月25日，中央政治会议第160次会议议决，函请国民政府任命九世班禅为青海省政府委员，并致函第179次中央常务会议报告。国民政府为此"除填发任状"[493]并于10月31日公布此项任命外，11月2日"亟令"[494]青海省政府遵照。在国民政府的支持下，九世班禅顺利在西宁宣誓就职，自此正式成为国民政府领导下的地方重要官员。

1929年2月20日，在首都南京租赁的"奇望街十三号为西藏班禅驻京办公处"[495]正式成立，国民政府指令蒙藏委员会应准备案。与此同时，国民政府还同意蒙藏委员会提出的"将福佑寺永远拨作班禅驻平办事地址"[496]。

为了在工作上与山西方面接洽便利，以密切与阎锡山的关系，九世班禅于1930年在太原南华门设驻晋办事处，罗桑囊嘉堪布为办事处主任，办事处设有总务、交际二科。"该处经费，除由蒙藏委员会按月拨给，所有薪炭等费，则向由此阎总司令部按月照拨，而罗桑堪布之应用差费，亦由阳曲县按月供给。"[497]九世班禅除了在山西设有办事处之外，还在四川、甘肃、内蒙古、青海等地均设有办事机构，以及在青海香日德设有西陲宣化使公署。

在南京国民政府礼堂，到内地正好第十个年头的九世班禅就任西陲宣化使职并庄严宣誓："奉行法令，忠心及努力于本职；余决不妄费一钱，妄用一人，并决不营私舞弊及授受贿赂。如违背誓言，

---

[493] 《中华民国国民政府训令第三五号（1928年11月2日）》，南京：《国民政府公报（训令）》第10卷，1928年11月，第5页。

[494] 同上。

[495] 《国民政府指令第四一四号（1929年2月28日）》，南京：《国民政府公报（指令）》第106卷，1929年3月，第9页。

[496] 《国民政府指令第四八一号（1929年3月9日）》，南京：《国民政府公报（指令）》第114卷，1929年3月，第6页。

[497] 《停发班禅代表公费》，天津《益世报》1931年3月24日，第4版。

西藏班禅驻晋办公处成立大会纪念合影
1929年《西藏班禅驻京办公处月刊》第1卷第3—4期

1925年九世班禅（左二）到达北京，1934年被选为国民政府委员，图为就任时与政府委员们（左一为戴季陶）合影

愿受最严厉之处罚。"[498]

自此，国民政府时期九世班禅办事机构比北京政府时期更为健全。

积极主动参与现代社会各项事务

作为藏传佛教领袖的九世班禅，成为国民政府的一名高级官员后，其在重大国家政治生活上靠前参与，主动而为，昭示自己的立场。如1929年6月1日，九世班禅为孙中山先生奉安大典就专门撰写了藏语祭文：

> 先生前生种道德之宏因，今生得其济众之硕果，我西藏同胞遵仰先生领导之下，共循正轨。先生手造共和，奠国基于磐石之安，解放民众倒悬，俾登极乐世界，人民歌功颂德。有史以来，今古世界第一人也。[499]

在走向现代中国的征途上，九世班禅"拟设立拉萨与海岸间之每周航空业务，将采拉萨与上海间之路线，唯通至印度之航行，并非不可能事，且因种种理由，在商务上亦更关重要"[500]。"推广西藏邮区，前因康藏地方不靖，交通梗塞，无法进行……邮务总局派员赴甘，随同前往，实地调查各地情形后，再行筹划进行，西康为西藏与内地交通之咽喉，将来拟由西康向西拓展邮路为第一步。"[501]但对科学登山探险，九世班禅"心目中以为此种科学上努力，直虚

---

[498] 中国藏学研究中心、中国第一历史档案馆、中国第二历史档案馆、西藏自治区档案馆、四川省档案馆编《元以来西藏地方与中央政府关系档案史料汇编》（第六册），第2648页。

[499] 《九世班禅为孙中山先生奉安大典所撰祭文》，载中国第二历史档案馆编《民国档案》，第20页。

[500] 《申报》1936年4月24日，第5版。

[501] 《申报》1936年9月3日，第11版。

费良好光阴、金钱与人力"[502]。

九世班禅还主动参与并支持国内一些社会慈善及佛教学术研究活动，如世界道德学会在上海成立时，九世班禅即复书筹备主任徐亚伯一封，希望尽己所能，参与慈善，充分发挥作用。

九世班禅还对太虚大师联合国内外佛学界筹设的世界佛学苑极为支持，他专门前往设于北平雍和宫隔壁的柏林寺，参观世界各种文字的佛教经典，"深荷赞同"[503]，并迅速要求驻平办事处送此处"西藏文《大藏经》一全藏"[504]，供学者们研究。

九世班禅在内地前后十五年时光，还结交大批汉传及藏传佛教僧侣，许多汉传佛教的僧侣发心跟随九世班禅学习法要，如心道法师在1935年4月28日的日记记载了九世班禅举行长寿佛灌顶法会，自己"首次受密宗灌顶"[505]。同年8月15日，九世班禅在青海塔尔寺传授时轮金刚大灌顶法会，心道法师再次"受记灌顶"[506]。类似心道法师这样经历者不胜枚举，客观上促进了汉藏佛教文化的交流与沟通。

除此之外，九世班禅还与藏传佛教其他教派建立平等关系，如与诺那呼图克图就多次联系。

值得一提的是，九世班禅善用自己的影响力帮助他人。1931年7月2日，欧亚航空公司第二号飞机自内蒙古林西飞往满洲里，中途被外蒙古军队击中迫降于蒙古境内，驾驶员及机师共两位德国人遭扣留，一位被判刑五年，一位被残忍截去左腿。九世班禅应德国柏林漠沙公司的急切请求，立即以自身的宗教影响力"代向库伦

---

[502]《申报》1936年4月24日，第5版。

[503]《申报》1931年7月22日，第16版。

[504] 同上。

[505] 王运天编著《心道法师年谱》，兰州：甘肃民族出版社，2006，第45页。

[506] 同上。

当道交涉"[507]，最终"释回两人，放还飞机"[508]，显示九世班禅在处理复杂的政治问题上的特殊能量。

在1933年底举行的全国运动会上，九世班禅希望国民政府在运动会结束后能优待青海选手，并"持赠之大旗一面，又军事与体育书籍数种"[509]，"希望回青后，将中央提倡体育之意旨，加以宣传，并极力提倡"[510]。1935年10月，九世班禅当选为第六届全国运动大会名誉顾问。

乐善好施、慈悲为怀的九世班禅对现代国家中必不可少的非宗教慈善事业非常热心，其中一次捐助现款一万元，"分配于南京、长安、洛阳三地之慈幼事业"[511]，这些费用有的修建了孤儿院，有的修建了育婴堂。九世班禅还提出因地制宜，即南京"接近沪上，布施者较多；洛阳地面较小，人口亦少；独长安地大人多，亦为历年灾区"[512]。因此捐款倾向西安。这样的操作，能使捐出的款项"一面能广结善缘，一面复能切合各地情况，使孤苦无告儿童，均沾实惠"[513]。由此可见九世班禅处事的逻辑与缜密的思维。

九世班禅的一系列慈善建议得到了落实，他为洛阳捐款"大洋1500元"[514]后，洛阳孤儿院还专门为其定制一座一尺高的班禅木雕像，实为罕见珍品。

1934年2月，九世班禅51岁生日时，各方纷纷拜贺。九世班禅没有仅仅将自己放在宗教领袖的层面，而是站在国家角度思考，

---

[507] 《申报》1931年8月20日，第15版。

[508] 同上。

[509] 《申报》1933年11月23日，第12版。

[510] 同上。

[511] 《班禅大师赞助慈幼事业》，《佛学半月刊》1934年第75期，第13页。

[512] 同上。

[513] 同上。

[514] 杨缘田：《洛阳孤儿院木雕班禅像》，《新天津画报》1934年第44期，第2版。

做出三项决定：

一是，"值此国难方殷，不应铺张祝暇……不必举行仪式，凡祝寿宾客，一律挡驾"[515]；二是，"除少数党国要人之礼物，因却之不恭而接受外，余均璧谢"[516]；三是，"该所除各备茶点以资招待外，其余慨无举动"[517]。

1931年7月18日，九世班禅到达天津，他首先到"恒源纺纱厂参观机器"[518]，随后在7月28日还参观了"博济工厂、交通中学、图书馆、卫队团、军械厂、官医院"[519]。除此之外，九世班禅还让班禅驻京办事处"处长朱福南出席航空会议"[520]，使身边之人都能参与国家的具体事务。

上述事务的广泛参与，大大提高了九世班禅对外交往的能力和协调具体事务的能力，使九世班禅的声望在社会上日益提高。应该看到，藏传佛教高僧九世班禅返藏之后能与内地同步建立起与时代同步的现代西藏，实乃国民政府的良苦用心。

以政教双重身份传递国家一体理念

1928年12月19日，蒙藏委员会改委员长制，九世班禅成为蒙藏委员会委员。蒙藏委员会是处理边疆事务的特殊机构，主要由西藏和蒙古地方的代表组成。[521] 中央政府厚遇九世班禅，鼓励爱国爱教的行为。如此做法蕴涵两层深意：一是，"中央赋予班禅的名号、

---

[515]　《班禅寿辰贺客盈门》，《蒙藏月刊》1934年，第25页。

[516]　同上。

[517]　同上。

[518]　《招待班禅》，《大公报》1931年7月19日，第7版。

[519]　《班禅过黑》，《大公报》1931年7月31日，第5版。

[520]　《申报》1931年4月21日，第4版。

[521]　"Chinese Influence in Tibet Tashi Lama Honoured", *The Times* (London, England), Friday, Feb. 09, 1934; p. 13, Issue 46674

给以实际的职衔和对西藏内部事务的关心显示了南京政府希望重新证明中央对西藏影响力的愿望"[522]；二是，广而告之，"藉此示达赖以中央对西藏之关切"[523]。

九世班禅获得中央政府官职的消息传到西藏后，十三世达赖喇嘛也不失时机地向南京派出他的代表，双方都在向亲近中央的方向疾行。国民政府此时处理西藏问题的策略依然是希望在两位宗教领袖间维持平衡，不致使双方产生厚此薄彼的感受。

1929年7月5日上午，蒋介石会见"西藏喇嘛班禅达赖等代表"[524]，有材料将九世班禅排位列于十三世达赖之前。由于蒋介石的介入，蒙藏委员会提出专门"派员赴辽慰问班禅"[525]，并要求北平市政府、河北省政府"妥为迎护招待"[526]，并要求蒙藏委员会对九世班禅由北平到南京如何招待"拟具办法"[527]。可见国民政府已开始筹划邀请九世班禅入京的相关事宜。

1931年4月11日，九世班禅受张学良邀请抵达沈阳，鲜为人知的是德王随同班禅抵达。这次一路随同，德王开始盘算自己的计划，"集资在蒙地为班禅建庙，请班禅留在内蒙，作为宗教领袖，形成信仰中心，对我们进行蒙事，是会起到一定作用的"[528]。

---

[522] "Chinese Influence in Tibet Tashi Lama Honoured", *The Times* (London, England), Friday, Feb. 09, 1934; p. 13, Issue 46674

[523] 孙子和：《民国十三年以来之中国国民党与西藏》，第7页。

[524] 吴淑凤：《"蒋中正总统档案"：事略稿本6》（1929年6月至10月），台北，2003，第146页。

[525] 《国民政府指令第二九二五号（1929年12月16日）》，南京：《国民政府公报（指令）》第347卷，1929年12月，第9页。

[526] 《国民政府指令第二四二三号（1929年10月26日）》，南京：《国民政府公报（指令）》第305卷，1929年10月，第7页。

[527] 同上。

[528] 德穆楚克栋鲁普：《抗战前我勾结日寇的罪恶活动》，载中国人民政治协商会议全国委员会文史资料研究委员会编《文史资料选辑（内部发行）》第六十三辑，第11页。

九世班禅（左）访晤张学良（右）于南京行辕
1931年5月16日《北洋画报》第13卷第625期，摄影：东北新闻影片社

早在1931年3月31日，蒙藏委员会就派罗桑囊嘉赴沈阳迎接九世班禅来京，国民政府亦派吴铁城为欢迎大员。[529]1931年5月4日，九世班禅受国民政府之请首次莅临南京宝华山隆昌寺说般若法，戴季陶对九世班禅明确表态，"大师一日不回寺常住，达赖大师一日不与藏中僧俗四众同心协力，领导四众，建设西藏，化导群生，保障国土，则佛教将不可救"[530]。这种观点实则对十三世达赖喇嘛的做法提出了批评，并上升到佛教是否可救的层面。言辞得到了九世班禅的"慨然相许"[531]。这是国民政府高级官员首次对十三世达赖喇嘛和九世班禅与中央关系作出政治上与宗教上的评价，明确九世班禅必须返回西藏，与十三世达赖喇嘛一起领导信众。

[529] 《时事日志》，《东方杂志》1931年第28卷第11号，第107页。

[530] 戴季陶：《致班禅大师书》（1932年6月21日），载陈天锡：《戴季陶先生文存·佛学部门类》（卷三），第1215页。

[531] 同上。

随后九世班禅到国民政府晋见蒋介石主席。5月5日，国民会议开幕，出席者除中央委员、国民政府委员外，代表实到四百五十余人，专门安排九世班禅宣讲"颂词"——"周询群豪，协谋国是，订定约法，永固邦基"[532]。

1934年1月下旬，九世班禅第三次也是最后一次莅临南京。此前，国民党第四届中央执行委员会第四次全体会议正式通过《主席团提选任班禅额尔德尼为国民政府委员案》，选任九世班禅"为国民政府委员"[533]，理由是宣劳边陲，厥功甚伟，这标志着九世班禅在政坛影响力的上升。有人认为"一个喇嘛被公开任命为政府官员，其合法地位能让他介入……政治，这是前所未有的"[534]。这离十三世达赖喇嘛圆寂不到一个月时间，用意不言自明。

此时，英国《泰晤士报》驻北平记者在专访中认为，国民政府最需要的善果来临了——"班禅喇嘛说他偏向于将西藏纳入到中国国民政府的轨道之内。"[535] 这也印证了高层企盼通过九世班禅返藏来实现中央政府与西藏地方间正常运作的政治意图。

蒙藏子弟教育成为九世班禅牵挂的重点

除了参观军事设施外，九世班禅还参观了现代城市基础设施，尤其是其一生都非常重视的现代化文教设施。他多次强调西藏的落后，根本在于教育的落后，"非从造就大批的专门人才是不可的"[536]。

---

[532]　中国第二历史档案馆、中国藏学研究中心编《九世班禅内地活动及返藏受阻档案选编》，第22页。

[533]　《国民政府文官处公函第四六七号（1934年1月13日）》，南京：《国民政府公报（处函）》第1350卷，1934年1月，第6页。

[534]　贾启：《最后的蒙古王子》，第53页，载滕华睿：《建构现代中国的藏传佛教徒》，陈波译，第163页。

[535]　"Tashi Lama's Preaching Tour"，*The Times* (London, England), Monday, Aug. 13, 1934; p. 10, Issue 46831

[536]　《勖勉藏青学生：要努力用功勿荒学业，要为大众服务而求学》，《西藏班禅驻京办公处月刊》，1930年第2卷第7-8期，第29页。

1925年4月22日，九世班禅刚到北京时，就"筹办蒙藏学校，厘定章程，请拨新华门前宪兵营作校址，经费班禅担任"[537]，第一任民国总理熊希龄亦请办蒙藏学校，"分上中下三院，附设研究所、编译局，年计预算二十万，聘班禅为院长，专收蒙藏子弟"[538]；九世班禅还派出代表卫西琴到西藏教育组演讲，并提请通过"促进西藏文化教育办法法案"；提请通过"请政府于西康特设教育厅注重边藏教育案"；提请通过"请政府增加蒙藏学校经费改革课程以期蒙藏子弟得升入各大学案"；提请通过"正式照会各地方教育行政机关介绍招待蒙藏学生赴内地求学以宏文化而裨教育案"；提请通过"组织西藏教育考察团案"……[539]

　　为了使远道而来的藏族学生能够有读书的机会，九世班禅多方筹措在内地设立西藏学校，但藏族学生到京求学者越来越多，"西藏班禅驻京办事处以西藏被压迫失学青年在西藏无求学机会，间关到京陆续来者已六十人"[540]，"缓不济急，遂决定先设简易之学校教育西藏来京青年"[541]。当教育部得知"西藏学生到京二十余人，派蒙藏教育司科长库者隽考察学业程度，并拟与蒙藏委员会及西藏班禅驻京办公处开会讨论该生等保送入学办法"[542]。蒙藏委员会仅在两个月时间就多次批准藏族学生破格入京就读。随着各地蒙藏学校日渐走上正轨，不久"应班禅之请，添设国语一班教新近来京之藏人"[543]。

　　1931年1月24日，班禅驻京办事处"保送青海学生吴文范、

---

[537]《申报》1925年4月23日，第11版。
[538]《申报》1925年5月6日，第4版。
[539]《申报》1925年8月28日，第9版。
[540]《申报》1930年2月7日，第12版。
[541] 同上。
[542]《申报》1930年1月8日，第4版。
[543]《申报》1926年11月30日，第7版。

郭煜、解洪业、刘福祥、仲永彦等5名"[544]前往中央陆军军官学校，转令"中央军校于第二届招生时准予收录"[545]。

九世班禅还对在印度的藏族学生接受国语教育、培养汉藏翻译人才十分关注，如"西藏学生石他翁柱等八名均系藏中优秀子弟，其中多数曾肄业于印度中学。对于外国文字，颇有深刻之认识，唯对于内地文学，却少研习"[546]。这批学生由印度经新加坡、香港转到南京，由班禅驻京办公处安排入学。在南京设立补习学校外，班禅驻印度通讯处函告"大批男女学生廿余人，不日由印专海道来京求学"[547]。

1936年5月8日，九世班禅亲手创设的上海龙华蒙藏学校举行第一届毕业典礼，毕业学生45人。他们中的许多人成为汉藏文化传播不可或缺的推动力量，如班禅行辕"宣传科的科长汪德君，是一位西藏青年，却操着满口流利的北方话，据说以前曾在山西军官学校念书，班禅大师在京时，他也追随着，如果不穿上束了腰的藏服，你可看不出他是道地的西藏人"[548]。

九世班禅为使所有的努力能够上升为国家意志，在极力推动蒙藏委员会"筹备蒙藏大学办法、决议"[549]的同时，还与旅居北平的藏族同乡一起"组织藏文学校，班禅领名誉校长"[550]。

上述做法，鲜明地表达了九世班禅在藏族教育上的思路——"使藏族子弟接受中土文化，培植治边人才，并报送边地优秀学子，

---

[544]《蒙藏委员会公报》(命令)，1931年第15期，第106页。

[545] 同上。

[546]《西藏学生陆续抵京》，《西藏班禅驻京办公处月刊》1929年第1卷第3-4期，第3-4页。

[547]《西藏男女学生不日来京求学》，《西藏班禅驻京办公处月刊》1930年第2卷第7-8期，第35页。

[548]《塞漠生活考察记》，《申报》1936年2月16日，第13版。

[549]《申报》1928年9月24日，第6版。

[550]《申报》1929年1月9日，第8版。

来学中土,造就高深智能"[551]。可以说这是他以教育为手段促进国家民族的精神合体,力求实现藏汉等民族"各美其美,美美与共"。

内地新加的"朋友圈"令其视阈开阔

九世班禅自1923年离藏前往内地,驻锡过多个地点,各地政府皆竭尽所能为其保驾护航。内地传统式格局的驻锡地其实对九世班禅来说并不会产生太大的陌生感,因为他自己驻锡的扎什伦布寺就设有汉佛堂。九世班禅内地行踪十五年,不仅习惯了汉式佛堂,更重要的是其将护国法会的形式与内容均做了一系列本地化改造,他本人也日益习惯了在媒体聚光灯下成为焦点的生活。

以1926年为例:2月15日,畅销时尚杂志《良友》刊载了一幅九世"班禅殿"的图片,岁月弹指90年后,这张图片几近模糊,但依然可看到"班禅殿"上悬挂多幅汉字书法,依然能看清王羲之《兰亭集序》中的一句:"亦足以畅叙幽情。"值得一提的是,请九世班禅题字者络绎不绝,其"援笔署藏文名字,用笔圆湛苍劲,殊不易学。"[552]

与外国上层社会和知识阶层的优质互动使九世班禅在海外的影响力大增。许多来华的外国人均以能拜访到九世班禅为荣。11月30日,《北洋画报》第37期刊载了九世班禅赐封法国驻南京武官的消息,因法国使署派陆军随员罗克招待,"班禅感其殷勤,并以罗氏对于佛教,常表恭敬之意,在西人中为不可多得,因颁以荣号,以示优异"[553]。12月4日,《北洋画报》第43期在头版最显眼处刊登一幅九世班禅的照片,还刊载了九世班禅与瑞典王储、王

---

[551] 计晋美:《传记:西藏第九辈班禅事略》,《中国边疆建设集刊》1948年1月,第36页。

[552] 《班禅书法》,《兴华周刊》1934年第31卷第22期,第23页。

[553] 《班禅赐封法国驻京武官之封状》,《北洋画报》1926年11月第37期,第2页。

妃合影的照片。1936年1月,"在沪甚有声誉"[554]的美国著名演讲家、探险家、作家哈里森·福尔曼专门前往青海拜谒九世班禅。哈里森·福尔曼著有《西藏禁地漫游记》,读者群遍布英文世界。

九世班禅和南京国民政府的中央委员保持着良好的关系。1932年12月21日,九世班禅列席国民党第二次全国代表大会末次会议,他在中场休息时,为即将惜别的中央委员"题字五十余幅"[555],大会闭幕当天,蒋介石还亲自到九世班禅驻锡地拜访,"合摄一影,以留纪念"[556]。1934年,九世班禅最后一次入京之时,国民政府主席林森"以班禅镇抚蒙藏,奠定边疆,功在党国"[557]为由,赠送三把湖南特制的菲菲雨伞,"绘图精美,伞柄为黄杨木,雕刻(二龙戏珠)尤为奇绝"[558]。1936年9月21日,九世班禅向蒋介石祝寿,"为表示敬仰及庆祝,捐款两千元,存交中央银行,转交献机纪念委员会收管"[559]。这些事务上的表态与所作所为实现了双方的良好互动。

九世班禅自从当选国民政府委员后,中央政府对其也竭尽关照。1934年,九世班禅到京后,"特献赠银象一座"[560],国民政府将九世班禅的礼物安放在国民政府最主要的会议场所大礼堂,这种无形的导引,不仅令九世班禅感念中央,也令身在其间办公的中央要员及职员们挂记遥远的西藏地方。

与名流要人始终保持着友好互动

1934年8月10日18时,国民政府军事委员会北平分会代理

---

[554] 《申报》1936年1月16日,第14版。

[555] 《申报》1932年12月23日,第8版。

[556] 同上。

[557] 《林主席制伞赠班禅》,《蒙藏月刊》1934年,第25页。

[558] 同上。

[559] 《申报》1936年9月22日,第7版。

[560] 张览远:《时代》1934年第7卷第1期,第22页。

委员长何应钦"在中南海春藕斋设宴，为班饯行"[561]。九世班禅离开前，"派其随员等，分赴平各军政机关辞行"[562]。这成了九世班禅离开一地的惯常做法，深得各界的好评。

1935年1月，九世班禅还不忘赠送阎锡山"良马二十匹"[563]。1937年5月，即将经过西康返藏的九世班禅将自己所佩戴的金佛一尊赠送给刘文辉，"班以亲身所佩金佛赠人，此尚为第一次"[564]。

在内地数十年的九世班禅，"与汉、蒙古等民族的佛教界人士有密切交往，对促进各民族间宗教和文化的交流也起过重要作用"[565]。

1935年11月10日，内地佛教名流正式成立菩提学会，九世班禅被选举为会长，段祺瑞为理事长，学会将"集合各地研究佛学之人士，共同阐扬、探讨中外佛学之真谛"[566]。九世班禅不愿意挂名会长，他身体力行为学会尽责，"捐国币二千元，又续捐国币二千元"[567]，并以菩提学会会长身份连同副会长释印光一起向南京军事委员会郑重提议：

近见报载，边区军队有将某喇嘛庙中佛像毁坏者，窃以蒙藏人民，多奉佛教，重视佛教，有逾生命，若遭破坏，不特当地人民引为深恨，且虑强邻借以为煽诱之口实，使未复之地反与助敌之心，附近之区，或萌携贰之志，即于军事政治，皆有妨害。虽报端所传，未必尽实，然不可不预为之防，拟恳钧会通令全国军队，凡驻扎之处，及师行所至，

---

[561] 《何应钦今晚宴班禅》，天津《益世报》1934年8月10日，第2版。
[562] 同上。
[563] 《申报》1935年1月10日，第8版。
[564] 《班禅所佩金佛一尊移赠刘文辉》，《申报》1937年5月22日，第4版。
[565] 陈庆英：《九世班禅额尔德尼驻锡塔尔寺记事碑译事》，《西北民族研究》1988年第1期，第253页。
[566] 《申报》1935年11月11日，第10版。
[567] 《申报》1935年11月8日，第2版。

于寺塔佛像、经典、法器、壁画、碑记、雕刻物等，皆应尽力保护，不得毁坏实于国家大计、文化艺术，大有裨益，非独佛教之幸也。[568]

此外，九世班禅还为陈唯心居士创办的观音救苦会题字，积极参与内地佛教公益事业。在青海玉树，九世班禅还不忘给中国佛教会发电，"以四月十五日为释迦佛纪念日，呈请政府明定为佛教纪念日"[569]。

得悉前蒙藏委员会委员长石青阳病逝，正在青海准备返藏的九世班禅闻讯即送上花圈以示哀悼。当圆瑛六十寿诞之时，九世班禅与社会知名领袖一起为其祝寿，并将筹集所得祝寿资金兴建中国佛教会会所，以为永久纪念。

除此之外，九世班禅还电告中央"保举黄正清"[570]，这位拉卜楞地区保安司令最终经九世班禅的极力推荐，由蒙藏委员会转呈军事委员会，依照《边疆发武职人员叙授官衔暂行条例》核准为"二等一级都领官衔"[571]。

九世班禅的影响力吸引了世界各地来华要人。荷兰驻中国大使馆参赞在拜谒九世班禅时，"行跪拜礼"[572]；西班牙著名作家马炘涛非常希望有机会拜见九世班禅，经该国驻上海副领事雷戈转呈外交部，正式商请拜会九世班禅的时间。拉脱维亚高僧帝释鸣法师携曾在西藏学法的弟子阿难陀来华考察佛教，对九世班禅"极表尊敬"[573]。

九世班禅也亲自上门回访外国驻华使节，如1932年11月9日，九世班禅拜访英国代办处。

---

[568] 《申报》1937年3月23日，第11版。
[569] 《全国缁素对佛诞日聚讼》，《申报》1937年5月17日，第11版。
[570] 《申报》1937年1月30日，第4版。
[571] 同上。
[572] 《申报》1932年10月25日，第6版。
[573] 《申报》1936年3月1日，第15版。

更有意思的是，英籍男女四人成为藏传佛教格鲁派的教徒，其入教原因可能为，"吾佛教中之视班禅，一如天主教中之视罗马教皇也。方今世界各国过分崇尚物质，忘却精神，其结果，感觉工业化之过甚，于是发生现代一切悲剧，如战争即其中之一种。欲维持国际和平及人类之融洽，必自发达佛教始云"[574]。

为了支持医药慈善事业，九世班禅专门为上海四马路中西大药房生产的一款神效功德水"题词褒扬"[575]，这款功德水最适宜慈善家在炎热的夏日送给有需要的人士，相当于今天的消暑药水。由于有政府要员目睹此水曾救活生命垂绝之人，"到处誉扬，又经班禅活佛题字提倡，年来销路畅旺，遍及全国"[576]，"闽粤各地大批批购，遂致应接不暇，而门市购买，亦极拥挤"[577]。这足见九世班禅在信众中的影响力。

"宁远楼"上主法诵经追荐十三世达赖喇嘛

1933年12月17日，十三世达赖喇嘛圆寂，阻碍九世班禅政治作为的西藏地方势力一时出现真空。国民政府抓住这一有利时机，在"避免铺张，费用力求俭约，而不损于隆重"[578]的原则下，大张旗鼓地"在京追荐，实为国祭，以示政府怀远安边尊贤重德之意"[579]。并以此提升刚刚成为蒙藏委员会委员的九世班禅的社会影响力。追荐会要求西藏驻京代表和北平、山西、河南、察哈尔、安徽、湖北、广东、青海等地均派代表参加。

---

[574] 《四英籍喇嘛教徒拟随班禅入藏》，《佛学半月刊》1934年第84期，第21页。

[575] 《申报》1935年4月25日，第12版。

[576] 《申报》1936年4月9日，第13版。

[577] 同上。

[578] 《石青阳谈达赖追荐事》，《申报》1934年2月11日。

[579] 同上。

在追荐十三世达赖喇嘛事务上，令国民政府倍感欣慰的是九世班禅"请中央从优追封达赖，又复派其驻印、康、青各处长，揣带重金，分赴西藏各大寺，并令西康、蒙古、印度及中国北部各小寺院，诵经追荐，同时亲撰祈祷达佛灵童之经赞，分发各地寺院僧众随时诵祷"[580]。九世班禅这种高风亮节、不计前嫌的做法再一次提高了他在信教群众中的影响。

1934年2月16日，作为藏传佛教格鲁派驻世的最高精神领袖，九世班禅前往南京考试院宁远楼"修建达赖大师追荐会，并设坛诵经"[581]，为十三世达赖喇嘛诵经进行周密的布置：

一、九世班禅"设密坛诵经"；二、九世班禅"休息进斋均在楼上"；三、一切按照九世班禅"照拂布置，均由大师派人主持"；四、"非特请之人，不必参与密坛之事，亦不必到宁远楼"；五、追荐会工作人员"非大师特请亦不必去"。

精心安排之后，九世班禅在宁远楼"修大威德明王法"[582]，法会庄严肃穆，功德巍巍。

九世班禅与国民政府不断对追荐会具体内容进行频繁互动。这种互动的结果是积极并友善地向西藏地方政府传递国家高层对此的态度：

一是，达赖为近二三百年间西藏地方之第一政教领袖[583]；二是，政府接达赖圆寂呈报后，特赠崇号[584]；三是，令派大员入藏致敬[585]；四是，在京举行隆重追荐典礼[586]。

---

[580] 计晋美：《传记：西藏第九辈班禅事略》，《中国边疆建设集刊》1948年1月，第37页。

[581] 陈天锡：《迟庄回忆录》（第二编），第83页。

[582] 戴季陶：《护国宣化广慧圆觉大师颂》，载释东初：《戴季陶先生佛学论集》（全一册），第82页。

[583] 《石青阳谈达赖追荐事》，《申报》1934年2月11日。

[584] 同上。

[585] 同上。

[586] 同上。

除了中央政府在南京举行隆重的追荐会外，国民政府还派出曾受九世班禅灌顶的国民政府参谋本部次长黄慕松担任致祭专使[587]前往拉萨"确保抚慰"[588]，追封十三世达赖喇嘛为"护国弘化普慈圆觉大师"。

---

[587] 有研究认为之所以派出参谋本部次长黄慕松将军，是因为黄慕松首先是佛教徒，"各方对黄氏入藏本表关切，尤以佛教徒为最"（释东初：《中国佛教近代史》<上册>，第392页）；其次，其对西藏事务较为了解，早在1932年11月30日，蒋介石就电告黄慕松："巴文峻熟悉蒙藏情形，人亦稳健干练，可委为参谋本部内边务组专门委员。"[王正华：《"蒋中正总统档案"：事略稿本17》（1932年10月至12月），台北，2005，第488页。] 这是军事部门加强研判西藏具体事务的一个缩影。

[588] "China and Tibet: A Proclamation in Lhasa", *The Times* (London, England), Thursday, Sep. 13, 1934; p. 10, Issue 46858

尾声　九世班禅生命里的最后五十天

九世班禅"一生为国,功勋懋著"[589]到生命的最后一刻,藏传佛教领袖与中央政府紧密互动"开数百年来未有之先例"[590]。

1937年6月10日,青海湟源,九世班禅一行30余人,渡瑶楚河、通天河,并越海拔5000米的巴彦喀拉山,人烟绝迹,虽时值盛夏,冰雹混杂着大雪扑面而来。他们前后历经一个多月方抵达玉树结古山下,这里"地方甚小,随从又众,事实上不能久住"[591]。

青海玉树成了九世班禅驻世人生的最后归宿。

生命倒计时走向最后五十天,九世班禅依旧忙碌。

"特捐法币三万元并购救国公债二万元用作抗战之需,聊尽报国之心"[592];"全面抗战两月以来,已予敌人以严重之打击,捷音频传,遐迩兴奋,班禅身阻西疆,心系南天,布施青康各大寺高僧设坛诵经祈祷我军胜利";[593]"大师捐助前方抗战将士医药费三万元"[594];"捐助伤病难民募捐团体各一千元";"自抗战以来,除分饬附近各寺僧虔诵消灾挽劫各经外,大师亦晨夕默诵,未尝稍

---

[589]　计晋美:《传记:西藏第九辈班禅事略》,《中国边疆建设集刊》,1948年1月,第37页。

[590]　同上书,第35页。

[591]　树华:《边疆:班禅留住玉树》,《新亚细亚》1937年第13卷第1期,第142页。

[592]　《班禅大师捐五万元抗敌》,南京:《中央通信社稿》(上),1937年10月,第408页。

[593]　《班禅设坛诵经祈祷胜利》,南京:《中央通信社稿》(下),1937年10月,第534页。

[594]　陈文鑑:《班禅大师东来十五年大事记》(全一册),第96页。

懈"[595];"闻内蒙各盟旗扎萨王公贝子有受日人唆使,组织自治政府之说,乃以数年师徒感情,兼求施主福祉,敦劝各族王公,拥护祖国,力图同意,勿自投日寇怀抱,致终遭宰割"[596];"领导蒙众,团结抗敌,听命中央,以求最后之胜利"[597];"大师以沪晋沦陷,内蒙亦组织自治伪政府,首都迁川,西陲更形重要"[598];"命草汉藏文告西陲民众书"[599]。

所有的事项都是围绕"捐助前方""团结抗敌""抗战胜利""拥护祖国"这些关键词展开的,由此可以看出九世班禅在内地上弘下化十五年的主题。在他生命中倒数第十天时,他依然关心上海的沦陷,依然焦虑山西的沦陷,依然忧忡内蒙古的投日,只要"一闻捷讯,则色然喜"[600]。"大师忧国之切,谋国之忠,诚有令人铭佩而不能或忘者"[601],他鲜明表态:"劝民众团结,群固后方,以完成抗战建国大业。"[602]

窗外,大雪纷飞,滴水成冰。屡遭挫折的九世班禅在艰难的跋涉中罹患了严重的呼吸道疾病,加剧了肝病。

1937年11月21日夜。

北风呼啸,在古庙昏暗的油灯下,九世班禅强撑着病体,郑重地开始交代遗嘱。他羸弱的身体,因为不停地咳嗽而剧烈地颤抖着,嘴里说出的每一个字几乎都被咳嗽声打断——

余……生……平……所发……宏……愿……

---

[595] 陈文鑑:《班禅大师东来十五年大事记》(全一册),第97页。

[596] 同上书,第98页。

[597] 同上。

[598] 同上。

[599] 同上。

[600] 计晋美:《传记:西藏第九辈班禅事略》,《中国边疆建设集刊》,1948年1月,第37页。

[601] 同上。

[602] 陈文鑑:《班禅大师东来十五年大事记》(全一册),第98页。

众僧长跪,悲痛难已,哭声动地。寺庙内外笼罩在一片悲戚中。把枪支弹药"献给中央,共济国难",是九世班禅为国操劳的最后遗言。

十天之后的12月1日凌晨2时50分,九世班禅在与西藏临近的青海玉树结古寺甲拉颇章圆寂,终年54岁。

不日,遵照九世班禅遗嘱,所部大批枪支开始登记造册,准备办理移交仪式。在抗日战争的枪炮声中,九世班禅的遗嘱永远镌刻在历史的记忆中:

余生平所发宏愿,为拥护中央,宣扬佛化,促成五族团结,共保国运昌隆。近十五年来,遍游内地,渥蒙中央优遇,得见中央确对佛教尊崇,对藏族平等,余心滋慰,余念益坚。此次奉派宣化西陲,拟回藏土,不意所志未成,中途圆寂,今有数事切嘱如下:……至宣化使署枪支,除卫士队及员役自卫者外,其余献予中央,共济国难,俟余转生,再请发还。又关于历代班禅所享权利,应早图恢复。最后望吾藏官民僧俗,本中央五族建国精神,努力汉藏和好,札萨喇嘛及各堪布,尤宜善继余志,以促实现。

此嘱。[603]

《东方杂志》以《悼慈和沉毅之班禅》为题,书写其功绩:

翊赞中央,宣化西陲,朝夕与中土人士相见,以示汉藏之精诚团结,故其圆寂之噩耗,一经传播,政府当局与举国人民,莫不同深哀悼。而尤以蒙藏僧俗为甚,痛哭流涕,泪痕满脸,其悲哀之情绪,如丧考妣。[604]

---

[603] 《班禅遗嘱译文》,《边疆半月刊》1938年第3卷第7-9期汇刊,第6页。
[604] 冷亮:《抗战期中之康藏动态》,《东方杂志》1940年12月第37卷第24号,第11页。

白马西来十五年，天不遂意，以致大愿难酬。"回藏之后，对于西陲国防，有所建树"[605]成为未了的祈愿，最终使"中枢顿失畏依"[606]，信徒失去导师，同声悲悼，哭声入云。

九世班禅圆寂后，经过紧锣密鼓的各项运作，国民政府于1937年12月23日，议决褒恤九世班禅大师的五项办法，[607]其中第二项是追赠"护国宣化广慧圆觉大师"封号。

1938年是国民政府最为困难的时期，九世班禅圆寂，国民政府当即要求财政部拨付班禅大师治丧费1万元。

中央政府随即派出以考试院院长戴季陶为首的致祭团前往甘孜。

从1923年离藏入中原，到在青海玉树圆寂，近15年的内地漂泊，九世班禅所有的返藏努力最终都付之东流，一生再也无缘踏入西藏一步，不能不说是他个人的遗憾、国家的遗憾、历史的遗憾。但九世班禅在内地的爱国行动对西藏地方政府少数人造成极大震慑打击。"客观上使噶厦不能在'非爱国主义'之路上走得太远，在国家处于动荡衰微之时，西藏地方即使有帝国主义势力的怂恿与支持，仍然基本维系着与中央的联系，对于中华人民共和国成立之后，中央较为顺利地解决西藏地方长期与国家不正常关系，其作用显而易见。这是历史的大是大非问题，就此而言，班禅方面是有历

---

[605] 陈文鑑：《班禅大师东来十五年大事记》（全一册），第98页。

[606] 同上。

[607] 1937年12月22日，行政院院长蒋介石17时20分在汉口通过交通部电报局给重庆国民政府发电，报告行政院第342次会议议决褒恤班禅大师办法五项：（一）呈请钧府明令褒扬；（二）追赠护国宣化广慧圆觉大师封号；（三）发给治丧费一万元；（四）特派考试院长戴季陶前往康定致祭；（五）在重庆择期追荐。该电文17时45分接收，12月23日国民政府文官处文书局机要室发出渝民第95号的稿签单，国民政府主席林森在重庆批示同意前四项由国民政府明令办理，最后一项交蒙藏委员会照办（《马日本院第三四二次会议议决褒恤班禅大师办法五项谨电呈签核施行》，1937年12月23日，国民政府档案001036000020070a-001036000020071a）。

九世班禅（中）与国民政府要员戴季陶（左三）

史贡献的。"[608]

从九世班禅在内地15年的宗教宣化中，我们可以清楚地看到，无论是在北洋政府时期，还是在国民政府时期，这位藏传佛教的领袖始终以坚如磐石的意志将护国佑民作为自己一切行动的指南。

纵观九世班禅的一生，虽然历经坎坷，备尝艰辛，但光彩照人。他以对祖国统一事业的孜孜追求，对民族团结的不懈努力，用毕生的精力书就了爱国主义的新篇章，为后人留下了宝贵的精神财富。

---

[608] 郭克范：《1923年九世班禅出走内地事件检讨》，载郝时远、格勒：《纪念柳陞祺先生百年诞辰暨藏族历史文化论集》，北京：中国藏学出版社，2008，第453页。